U0095912

金商道

The positive thinker sees the invisible, feels the intangible,
and achieves the impossible.

惟正向思考者，能察於未見，感於無形，達於人所不能。 —— 佚名

親情，輕如鴻毛，重於泰山

# 無爭

## 家業長青的傳承密碼

萬國法律事務所————著

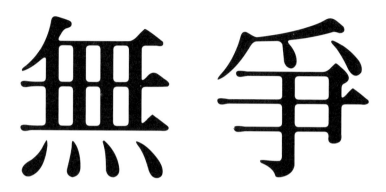

萬國法律事務所
**Formosa Transnational**
Attorneys at Law

SINCE 1974

# 目錄 Contents

# 推薦序

## 信念與文化才是永續傳承的不敗心法

方嘉麟
國立政治大學法學院 教授

　　家族企業的傳承，是一個廣泛且深遠的課題。無論企業規模大小、產業類別，成功的企業傳承不僅能夠延續寶貴的經營理念與價值，更能夠促進家族成員的團結，確保企業的長期穩健發展。臺灣發展至今，大多數的公司仍為家族企業，依據臺灣董事學會2024年所發布的《2023華人家族企業關鍵報告》，至2023年1月，上市櫃公司增加1,777家，家族企業占比高達69％，可

見家族企業的傳承規劃及穩定經營攸關至鉅。萬國法律事務所在本書中，針對企業傳承的問題，區分法律工具、家族世代以及家族內外，逐一進行詳盡的探討，本書的書名更是令人印象深刻，「無爭」實乃家族企業繁榮的關鍵，家族成員倘能彼此扶持、群策群力，無論前路驚濤駭浪、叢山峻嶺又有何懼。

第1章《傳承最重要的事──如何善用傳承工具》開篇即點明了家族企業傳承的重要性。家族企業的傳承規劃，不僅僅涉及法律架構，更是情感和責任的延續。透過詳細介紹贈與、遺囑、控股公司、閉鎖性公司、基金會、信託等傳承工具，本書提供了全面的規劃指南，讀者可視自身需求，選擇最合適的工具。本書最特別的是，針對家族治理（family governance）深入剖析，自古法不入家門，東方文化重視家族，然內部治理往往仰賴族中長老的權威與裁量，少有系統性的制度規劃。引入國際間經常使用的家族憲章及家族辦公室設計，無疑使家族成員得以形塑共同理念，建立溝通平台，並強化內聚營造共識，從而家族及企業均能永續發展。

第2章《企業主、家族主事者的傳承思維》以及第3章《下一代家族成員的接班關鍵》，則詳盡地探討了在傳承過程中，如何處理家族成員之間的關係，以及可能發生的衝突。無論是權力的傳承，還是家族成員間的資源分配，本書均透過精彩的實例分析，提出具體建議。這些內容，對於企業主和家族主事者在傳承過程中，如何協調家族和諧與企業利益，具極大參考價值。

當家族企業擴張至一定規模，家族成員雖可能對企業具高度向心力及使命感，但不可避免的是，某些成員對經營企業並無意願，或缺乏足夠的專業及經驗，專業經理人的參與遂為大勢所趨。第4章和第5章便探討專業經理人在家族企業傳承中的角色，水能載舟亦能覆舟，專業經理人可以讓傳承更順利，避免家族成員內耗，但也可能成為障礙，甚或引發成員內鬥。如何讓專業經理人兼顧企業績效與家族目標，如何在傳子與傳賢之間做出選擇，這些都是企業主需要面對的重要課題。

本書從多元角度、全方位地探討了家族企業傳承的各種工具和策略，並結合具體案例，提供了實用的解決方案，無論是企業主、家族主事者，還是專業經理人，都能夠從中獲得寶貴的啟示和指導。本書的價值，不僅在於提供了豐富的知識和資訊，更在於它所傳遞的理念：家族企業的傳承，不單單是資產的轉移，更是責任、價值和文化的延續。希望本書能夠幫助更多的家族企業，得以追求永續經營，讓家族的精神和價值代代相傳，實現「無爭」之傳承願景。

# 傳承無爭 企業永生

朱志洋
友嘉集團 總裁

臺灣約有七成之企業為家族企業，上市櫃公司中更有約五成為家族企業，而隨著時間之流轉，各個家族企業已陸續面臨傳承之議題，許多第一代之經營者，正在思考如何將企業傳承至下一代，又或，已有一些家族因欠缺規劃或規劃不善，而在傳承之過程中出現家族紛爭，甚至引來外敵，顯然，如何成功穩健地將企業交棒予下一代，是當前臺灣企業必學之課題。

然此課題之所以不易，係因企業傳承須顧及之層面非常廣泛、多元，除了現實面之企業本身組織架構、家族成員組成外，尚涉及法律與財稅等層面。萬國法律事務所這次出版之《無爭：家業長青的傳承密碼》乙書，是市場上難得一見，結合現實面與法律面之傳承專書，全書雖由律師所撰擬，但其用字並不艱澀，再輔以案例及圖表，以較為平易近人之筆法，剖析企業如何在不同之現實面下，適法選擇適合自己的傳承工具，對我這正在規劃及進行集團傳承之企業第一代經營者而言，非常受用。

更難能可貴的是，本書除了從企業主之角度切入外，亦分別由下一世代家族成員、外姓成員及非婚生子女，甚至專業經理人

角度，探討不同角色之人物在家族傳承此一議題中應注意或考量之關鍵，並舉出許多案例供大家借鏡，使不同主角都能在書中找到實用之資訊，以選定自己之策略。另外，書中更有常見之傳承工具介紹，可謂係企業傳承之「科普」書。

我身為友嘉集團之創辦者，深知維運集團不是人人都可上手之事，因為不容易，所以傳承就應及早規劃，而在思考如何把集團交給正確之人選或團隊，以確保集團長長久久之際，若能先藉本書以了解各種布局可能，相信可免去不必要之傳承失敗，並選擇最適合自己企業現狀之傳承之路。

臺灣企業正值世代交接之際，若各企業皆能成功地傳承接班，即能確保各企業繼續帶領臺灣朝向經濟共榮之未來邁進；反之，如屢生家族成員內鬥、內耗，抑或因未順利接班而使企業落入其他無心經營之他人之手，則除第一代心血付諸流水外，亦顯對臺灣企業持續在國際舞台嶄露頭角無益。真心推薦《無爭：家業長青的傳承密碼》乙書予各企業經營者及接班者，望你我皆能在傳承路上找到自己的無爭之道。

# 找「對」接班與傳承的成功方程式

吳燦
前最高法院 院長

當一個家族累積到一定的財富，終究要面臨財富如何傳承分配的問題。不過，家族創富者所累積的財富，雖可載舟亦可覆舟，如何合法、且有效地成功規劃傳承給下一代，以達到繼富者財富傳承的目的，向來是家族企業最大的課題。

2017年全國廣播公司商業頻道（CNBC）的一則報導指出，由於有為數眾多的家族，在財富傳承過程中，因為出現遺產分割（遺產稅）或其他糾紛等問題，以致於財富縮水，甚至消失，因此有約90％的億萬級別財富將不會延續到第二代之後[1]。在國內，亦不乏有豪門家族在第二代接班傳承過程，因為分產、爭產而大打官司，或兄弟鬩牆，或子孫對簿公堂，親人變仇人，最終家族企業落入外人之手的案例。

家族世代傳承不進則退，正是所謂「富不過三代」的明確演繹。為確保家族企業得以持續發展，除了家族的價值觀外，合適的家族傳承規劃，也是「富過三代」的成功方程式。鑑往知來，家族企業的接班與傳承，不論是兄弟登山各自努力，還是兄弟同心其利斷金，其首要條件，必也使「無爭」乎！捨此弗由。

萬國法律事務所為慶祝創立50週年，針對國內家族企業因接班與傳承所面臨的困境，提供得以使家族企業的經營再創另一個高峰，持續卓越長青的解方。這本與商周集團合作出版的專書《無爭：家業長青的傳承密碼》，藉由專業的法律視角，深入淺出介紹家族財富與企業如何事先合法地傳承規劃，分析各種家族傳承工具的特色與利弊，期以解消家族內部可能出現的紛爭於無形，極具實用價值，特為之推薦。

**資料來源／參考文獻**

1. Gwyn Heidi Ng（2017），One-third of Asia's wealth may change hands in the next five years. 檢自https://www.cnbc.com/2017/05/16/ultra-wealthy-in-asia-planning-inheritance.html（最後瀏覽日期：08/04/2024）

# 企業二代談傳承

李伊俐

懷特生技新藥（股）公司 董事長
安克生醫（股）公司 董事長暨總經理
美吾華（股）公司 副董事長
信義房屋（股）公司 獨立董事
臺灣女董協會 常務理事

　　臺灣過去數十年經濟快速起飛，在二戰後第一代的胼手胝足努力下，奠定了各個產業中成果豐碩且具競爭力的公司，中小企業占98％以上，上市櫃公司中超過2/3是家族企業，未上市櫃公司的比例更高。因此，家族企業的傳承，成為近十年來持續熱烈討論的議題。先前讀過一些歐美家族傳承的研究與書籍，但總覺得對於臺灣企業與華人文化的適合度有限。很高興萬國法律事務所與商周集團合作出版這本從法律架構出發，提供完整且不同面向的傳承思考之著作，更難能可貴的是，書中融合臺灣近年來的實際案例說明，可以讓臺灣企業的傳承人、被傳承人，甚至專業經理人更了解家族傳承的精神，以及如何兼顧各方利益，取得共贏。

　　自身經驗和書中各種建議的架構與概念不謀而合，敝人擁有13年外商銀行專業經理人的工作歷練，2013年返回家族企業擔任執行董事，從以財會與資本市場專業而擔任總管理處主管開始做

起，到參與並了解集團內所有策略與相關決策事宜，3年後擔任集團副董事長，協助重大決策，更於5年後勇於挑戰接任集團內創新智慧醫療安克生醫總經理，善用在外商銀行的國際業務經驗，帶領國內創新醫材公司走向國際；在此過程中，我身兼被傳承人與專業經理人的角色，不斷累積能力，以實績證明實力，協助集團企業的公司治理與永續經營。

　　本書提供了完整的傳承架構與各項工具，統合了國內的真實案例及歐美成功案例來分享跟分析。期待能幫助更多臺灣家族企業實現永續傳承，不管是傳承人、被傳承人或專業經理人，都能兼顧家族治理與公司治理，並提早準備，相信未來我們也能如歐美和日本一樣，擁有百年永續的企業。

# 打造家族企業傳承新思維

林長勳

將捷集團 創辦人

　　與萬國法律事務所創所律師賴前司法院院長浩敏及合夥律師黃前大法官虹霞相識於1988年，本人時任中華民國建築師公會理事長期間，黃前大法官虹霞並擔任中華民國建築師公會法律顧問迄今，對建築師執業權益之維護，貢獻良多。三人並曾結伴參訪中國烏魯木齊，暢遊西安、敦煌絲路，相識莫逆。

　　黃前大法官虹霞多年前擔任將捷集團的法律顧問，為集團處理無數法律爭端，保障集團權益，嗣集團林董事長嵩烈與萬國法律事務所黃大律師帥升交好迄今，欣逢萬國法律事務所50週年特出版本專書，並邀本人為此專書撰寫推薦序，本人甚感榮幸萬分。

　　本專書針對家族企業傳承提供專業及完整之建議，包含傳承工具、家族資源整合、接班安排及專業經理人等等，精闢闡述且內容新穎，打破了過往傳統家族企業舊有接班模式，對於現今家族企業經營者著實提供不同以往的思考方向及因應對策，一如書名《無爭：家業長青的傳承密碼》。

萬國法律事務所為國內法律界聲譽卓著之公益型法律事務所，以出版本專書作為事務所50週年慶，獨具一格，對於家族企業經營者受益匪淺，藉此預祝本專書能大獲好評，佳評如潮。

# 完善家族傳承，創新企業格局

施茂林
亞洲大學財經法律系 榮譽講座教授
大肚山產業創新基金會 董事長

　　猶記得上世紀70年代，一企業家在工商聯會中，感於其好友遺產風波不斷，子女大動干戈，語重心長提醒：「財產有時是凶器，留愈多，給子孫刀子愈大，互砍力道愈強，須早做規劃」，印證社會諸多爭奪遺產新聞，的確不假，尤其個人長期處理遺產民刑事案件，更體會確為警世良言。

　　從法務部卸下公職，前往亞洲大學擔任教席，積極推動法律風險新學門，在數百場論壇與演講活動，再三強調個人、家庭、企業及公務部門均須有清晰的法律風險意識，遺產糾紛就是欠缺意識之明例，其中預防管理為首要，做好遺產安排就是預防規劃，可避免發生風險，否則風險出現，再努力危機管理均挽救不了家族間之遺產爭議。

　　近年來，為服務工商科技業，成立大肚山產業創新基金會，設立產官學研究平台，經常由產業創新學院舉辦趨勢科技應用、智慧雙軸轉型、全球布局、深耕新南向等高峰論壇與演講會，鼓勵企業管理法律風險、落實ESG誠信治理、活用法律做好家族接

班、提升企業成長經營，期在AI等新浪潮下，得以順利因應轉型，為企業更加值升級。

　　本書是萬國律師眾人智慧之結晶，從各式傳承工具、家族治理、下一代承接企業、家庭成員良性關係到專業經理人等問題，分類精細，論述清晰，案例顯明，是財富系統性規劃之葵花寶典，確能提供高明的預防管理藝術圖譜，相信按圖索驥，依式施作，家族間必能「無爭」，代代和樂相傳，永續經營。

# 接班要無爭，感性與理性缺一不可

郭奕伶

商周集團 執行長

接班，是臺灣產業的進行曲，從十年前開始吹起，未來十年，這仍是大時代的主旋律。

挑戰的是，在同一個時間點、同樣的舞台上，另一首進行曲也同時被演奏著：轉型。

當「接班」遇上「轉型」，史上兩個最難的曲目同時響起，樂團指揮要如何讓兩曲合奏出悅耳和諧的樂章，而非聒噪刺耳的災難之音？

兩代截然不同的價值觀、所有權與經營權的角色確認、股權的規劃分配、被數位科技挑戰的商業模式、接班梯隊的培養訓練、利益關係人的維繫與對待……，每一道關卡，都是企業現階段面臨的接班課題；過得了，它就是門，跨不過，它就成了檻。

其中，最大的挑戰在於：家族共識。企業家想要「無爭」地完成接班，這是首要之務。

然而，「誤解，是人與人之間最遠的距離。」即便是最親的

人，一旦誤解生成卻未及時溝通，矛盾日夜滋長，再經過組織耳語，它可能長成一隻會吃人的怪獸，讓親人反目、家庭離散、企業內鬥。

所以松下幸之助說：「企業管理，過去是溝通，現在是溝通，未來還是溝通。」

有良好的溝通與共識後，家族還須透過股權、信託等法律工具，妥適地安排各方關係人的利益，並思考到未來變動時的有效因應，如此，傳承方能按部就班，讓企業持續壯大。

《無爭：家業長青的傳承密碼》一書，由50年專業經驗的萬國律師團隊，從不同關係人的視角出發，分析各方可能心態，提出在不同情境下最適當的法律工具，以確保傳承的順利，這將是企業家族要實現「無爭」傳承、永續經營的最佳參考書。

# 為家族企業永續發展注入智慧和力量

蔡清祥
前法務部 部長

　　隨著臺灣經濟發展，許多企業都已面臨接班議題，如何有效安排和分配家族財富及企業股權，成為每個家族必須審慎面對的挑戰，家族傳承的規劃已然成為我國許多家族企業所面臨的重要課題。萬國法律事務所此時出版《無爭：家業長青的傳承密碼》一書正是時候。

　　家族傳承與企業股權安排等議題，實涉及到諸多不同領域的法律規範，包含《信託法》、《遺產及贈與稅法》、《公司法》、《證券交易法》、《民法》有關財產移轉、借名登記、親屬及繼承等各式各樣的法律問題，甚至更攸關公司治理的完善。過往本人在擔任法務部長任內，即已重視此一議題，且陸續就前述各項法律規範，與金融、財會、企業、法律、學術等各界進行意見交流，並借鑑國外相關制度之設計等，在這些基礎上研議修法或立法草案、發布函釋並推動相關政策。因此，本人深知，相關法令規範具有高度專業，企業家單憑一己之力應難完善規劃，亟需仰賴相關專業人士的協助。萬國法律事務所出版《無爭：家業長青的傳承密碼》一書，由多位極富實務經驗的律師，以深入

淺出的筆法，藉由案例分析，將他們在辦理家族傳承案件的實戰
經驗向讀者分享，希望讓讀者了解，如何在複雜的法律框架下，
找到最適合自己的規劃方式，從而避免糾紛的發生。

　　家族傳承不僅僅是財務問題，更涉及到法律、倫理和家庭關
係等多方面的挑戰。如何在保障家族和諧的同時，合理合法地進
行傳承規劃，是每一位家族成員和企業家必須面對的重要課題。
本書正是為了解決這一連串複雜問題而來，給讀者提供具有系統
性、實用性的指引。特別是書中以不同利害關係人的視角，發掘
家族財富傳承與企業股權安排可能產生的爭議，並給予建議。不
論是正在籌劃家族傳承的家族主事者，還是亟需解決家族企業傳
承問題的企業主，應能從本書中獲得指引和靈感。

　　曾身為檢察官、檢察長、調查局長、法務部長，我看過無數
家族悲劇，深知法律在家族財富與企業傳承中的重要角色。我誠
摯地推薦這本書，期望它能夠幫助更多家族和企業在面對傳承挑
戰時，找到最佳解方，實現家族和企業的永續發展。我也相信本
書的出版，將為家族傳承注入新的智慧和力量，成為每一位關心
家族企業未來的讀者不可或缺的參考書籍。

# 家族傳承的全方位解決方案

蔡榮騰

臺灣上市櫃公司協會 榮譽理事長

在全球經濟快速變遷的今日，家族企業面臨的挑戰愈加多元且複雜。《無爭：家業長青的傳承密碼》這本書應運而生，為家族企業的傳承提供了全面、實用的指南。這不僅是一部法律工具書，更是一份家族企業永續經營的寶貴藍圖。書中由淺入深地剖析了家族企業在傳承過程中可能面臨的各種問題，並提供一系列可操作的解決方案，無論對於即將面臨傳承問題的企業家，還是對家族企業管理有興趣的讀者，都是一本不可多得的書籍。

本書的精髓在於其多樣化的傳承工具介紹。從贈與、遺囑、控股公司、閉鎖性公司、基金會到信託，每一種傳承工具都被詳盡地解析，涵蓋其優點、缺點、注意事項及使用時機。這樣的結構安排，使讀者能夠清楚地理解每一種傳承工具的特性，並根據自身家族企業的實際情況選擇最適合的傳承方式。

其中，書中特別強調信託和家族憲章這兩種工具的長期價值。信託被視為長期、跨多世代的最佳傳承工具，能有效確保家族財富的穩定和持續增長；而家族憲章為一種整合家族價值觀、

企業精神的有力工具，能夠幫助家族成員在企業經營和決策中達成共識，避免因理念不合而產生的內部矛盾。

書中還針對企業領導人和家族成員之間的微妙關係提供了深刻的見解。例如：書中探討在子女之間進行傳承安排時，如何避免因繼承問題導致的家庭內訌；又或者對於無意接手企業的二代成員，如何確保他們在不干預企業營運的情況下，依然能享有企業的收益分配。這些實際問題的探討，不僅增加了本書的實用性，更讓讀者感受到本書作者對家族企業的深入理解和關懷。

此外，書中提到「傳賢不傳子」的觀念，打破了傳統家族企業必須由子女接班的固有思維。以洛克菲勒家族為例，作者詳細地闡述了經營權和所有權分離的好處，讓讀者理解到，專業經理人同樣可以成為家族企業持續發展的可靠支柱。這種思維的轉變，無疑為家族企業的傳承提供了更多可能性和靈活性。

更值得一提的是，在書末特別設立了針對專業經理人的章節。此部分深入探討專業經理人如何在家族企業中發揮作用，如何平衡企業績效與家族精神，並提供具體的操作建議。這不僅是對專業經理人的具體指導，也是對家族企業領導人的啟示，讓他們在選擇和管理專業經理人時有了更清晰的思路。

《無爭：家業長青的傳承密碼》是一本內容豐富、視角獨到的家族企業傳承指南。它不僅提供多種實用的傳承工具和方法，更深入探討家族企業在傳承過程中可能面臨的各種挑戰和問題，無

論是家族企業的創辦人、接班人，還是對家族企業管理有興趣的
讀者，都能從中獲得寶貴的知識和啟示。正如書名所示，希望每
一個家族企業都能夠在傳承過程中實現「無爭」，平穩地邁向美
好的未來。

# 為家族企業的未來指引明路

蔡鴻青

臺灣董事學會 發起人

　　根據臺灣董事學會每年公布的〈董事會白皮書〉研究顯示，過去這十二年間，臺灣上市櫃公司的家族企業市值占比從早期的75％，驟降為45％。同時家族對企業控制持股從51％降為37％，臺灣從二戰後重新發展經濟迄今，距離百年企業的道路走了3/4，早期引以為傲的創業家精神，隨著「去家族化現象」正慢慢消失……

　　臺灣家族企業面臨內憂外患。占比八成以上的中小型企業，其製造出口的商業模式正值轉型升級；對內，臺灣特有的平分主義及孝順文化，讓家族持股分散，缺乏法治精神的家族治理，造成家族爭端普遍化的現象，身為臺灣經濟主幹的中小企業已然如此，臺灣企業如何百年永續？這個題目無疑需要各方專業共同研究，找出臺灣家族企業問題的特有解方。

　　本次喜見萬國律師團隊以累積50年實務經驗，群體律師戮力合作，共同出版本書，難能可貴。本書理論框架扎實，實用性高，不只是運用工具，更針對不同問題類別，朝向針對性解方前

進，並點出八種工具，區分出不同的應用時機與傳承類別，作為應用區隔，再從法學角度切入，並加入實際個案，使家族成員可以運用實務工具，配合傳承藝術，讓家族傳承得以順利，讓創業精神可以永續。這是一本從法律角度、針對家族企業來尋找傳承工具者必讀的一本入門書。

# 作者序

　　綜觀歷史，二戰後臺灣經歷一波數十年的經濟高速成長，靠著政府運用「產業政策」、「經濟自由化措施」和「重分配政策」等工具及全民的努力，確保了臺灣在國際貿易體系的出口優勢，讓地狹人稠又缺乏天然資源的臺灣，突破了先天條件的限制，創造出被譽為「亞洲四小龍」的經濟發展成果。到了1980年代，政府繼續推動產業轉型政策，開始發展電子、機械零組件及半導體科技相關產業[1]，延續了臺灣的經濟奇蹟。

　　然而，在臺灣經濟奇蹟的背後，除了政府作為推手外，不可否認地，還仰賴千千萬萬以家族為核心的中小企業大軍。直到今日，儘管臺灣早已成為世界高科技產業的重鎮，擁有令全世界欽羨的最先進科技產業及製程，進而在全球地緣政治關係中扮演重要角色。但是，據統計，臺灣仍有98％以上的公司屬於中小企業，而且絕大

部分是以中小型的家族企業模式，胼手胝足地打拚數十餘年所奠下的基業，讓公司乃至於臺灣在全球市場占有一席之地，來到廿一世紀後，企業除了面臨轉型考驗及外在不確定因素的風險，於此時更迎上了傳承接班的課題。因此，如何讓家業與財富代代傳承，成為臺灣為數眾多的家族企業當前所面臨最大的挑戰[2]。

然而，家族企業要順利傳承並永續經營，其實很不容易。國內家族企業因接班問題導致經營權爭奪的事件，更是時有所聞。例如：2015年11月美福集團兄弟爭產紛爭導致槍殺案，兄弟多所死傷；長榮集團在總裁張榮發過世後，大房、二房分家，而大房三兄弟關係也生變，兄弟鬩牆分為兩派，爭執不休；著名的食品企業泰山因十多年來家族成員內鬥戲碼不斷上演，市場派趁虛而入，最終拱手讓出經營權。這些事件皆凸顯出國內家族企業傳承議題的重要性。

觀察歐美先進國家，舉凡美國洛克菲勒家族（Rockefeller family）、德國的默克家族（Merck family）等，不乏百年以上屹立不搖的著名家族企業，其傳承規劃皆有一項共同點，即是有完善的家族企業傳承規劃及家族治理架構，其中更包括無形的文化等層面。換句話說，家族企業傳承並非僅是單純的尋找接班人而已，尚包含家族價值觀、企業精神等傳承。

目前國內家族企業掌門人的年齡普遍偏高，家族企業的傳承規劃與執行其實迫在眉睫，然而卻因啟動傳承內藏諸多挑戰與凶險，企業掌門人些微的舉措皆牽動各家族成員、家族企業經

理人，以及眾多利害關係人的敏感神經，導致企業掌門人躊躇不前，無法有效推動進程，而時間的延宕更將諸多如二代缺乏接班意願與能力、家族成員對於企業經營理念不一、家族財富分配不均等問題擴大，處理更加棘手。再者，大多數人總是誤以為只有企業規模大的家族才需要進行傳承規劃，企業規模小或家族成員少的家族，一切以掌門人說了算，甚至認為幾位重要的家族成員談一談，把企業所有權或財產分配一下就好，無須勞師動眾地花時間來規劃家族企業的傳承。但事實上，家族企業的傳承無關乎規模大小，只要家族企業想要永續發展，即有傳承規劃的需求。同時，家族企業傳承的規劃愈早開始準備，所面臨的風險愈低、變數愈少，而且如果適時地引進外部專家協助，也愈能夠及早發現家族或企業之間的問題，進而設法解決。

萬國法律事務所針對國內許多家族企業所面臨急迫且嚴峻的傳承與接班問題，採取獨樹一幟的解決策略，運用其多年累積的爭端解決法律服務能量，事先預見各個家族企業獨特的困境與難題，拆解導致家族企業崩壞的潛在不安因子，進而提出符合家族企業長遠適性發展的傳承規劃，透過經年累積的個案實踐經驗，讓我們掌握了家族企業傳承最高境界「無爭」的要義。而今天，由萬國訴訟仲裁部的律師同仁共同執筆成就此書，將此要義分享予家族企業創辦人、接班人、家族成員、家族外的專業經理人，以及所有利害關係人，讓各界能共同面對此一傳承難題，尋求妥適解決之道，使我國企業得以避免傳承過程產生高昂的內耗成本，順利完成接班，增益企業整體競爭力。

最後，感謝萬國法律事務所、商周集團的全力支持，以及參與本書著作的所有萬國同仁在辦案之餘，仍撥出時間投入撰述，備極辛勞，若無您們一同參與，本書將難以付梓，在此一併致上最深謝意。萬國法律事務所在今年（2024年）邁入第50個年頭，本書出版對我們深具意義，不僅僅是團隊內部透過著述的方式，傳承多年所累積的經驗，同時也展現老幹新枝的自我期許，為律師執業立下標竿，邁向萬國百年！

萬國法律事務所訴訟仲裁部全體合夥律師

**資料來源／參考文獻**

1. 吳親恩（2023），〈經濟奇蹟的三大推手！「看得見的手」如何帶動臺灣經濟起飛？〉，中央研究院「研之有物」網站，https://research.sinica.edu.tw/chin-en-wu/（最後瀏覽日期：08/13/2024）。
2. 中國信託銀行整合傳播部企劃製作（2023），〈永續傳承　專業陪伴！守護傳承價值，讓家業永續、財富代代傳承〉，《天下雜誌》，https://www.cw.com.tw/article/5125246 2023-05-02（最後瀏覽日期：08/13/2024）。

「家族之間的鬥爭結果，將全部是輸家，
沒有贏家。」

德國默克控股公司（E Merck KG）前董事長
史丹格‧哈弗坎博士（Frank Stangenberg-Haverkamp），
出自 2017 年「德國默克集團家族傳承與治理圓桌論壇」

# 第 1 章

# 傳承最重要的事——如何善用傳承工具

**本章重點：**

- 認識 8 種主要傳承工具的優缺點，以及使用時機
- 從法律思維出發，理解家族企業如何在傳承時有更周全的考量
- 誰應該閱讀這本書，以及如何使用這本書

# 家族企業的傳承規劃
# 為何如此重要？

　　誠如眾多報章媒體文章與研究報告所示，臺灣家族企業的經營者大多屆齡世代輪替的接班階段。所以，儘管家族企業的傳承並非新議題，但在臺灣卻可能有著「動搖國本」等級的影響力。因此，家族企業能否順利傳承，已成為我國經濟未來能否穩定發展的一大變動因素。

　　談到家族企業傳承，各界目光無不聚焦在「人」身上，認為人是接班的關鍵，所以把大部分的傳承重心放在人才培養。然而，事實並非如此。各位讀者不妨細想一下，那些鬧上報章媒體的報導，大到國內外眾人皆知的家族企業經營權官司，小到各地的家族財產紛爭，無不顯示除了接班與繼承的「相關利害關係人」之外，諸如經營權規劃、財產分配、法律規範⋯⋯也會影響傳承的結果，甚至最終違背了傳承者的初衷。

有鑑於此，筆者將於本書傳達一個重要觀念：善用傳承工具才可以實現傳承的最終目的。本章一開始，我們將會一一解說8種傳承工具的使用方式、設計機制、優點與限制，逐步強化讀者對於家族企業傳承的觀念，避免傳承過程衍生紛爭，損及企業競爭力。

家族企業在世界各地實屬普遍存在的商業現象，但各國對於家族企業的定義未必相同。不過，無論如何定義家族企業，其認定大多涵蓋「**所有權**」、「**控制權**」與「**經營權**」三個層面（參見圖表1-1），亦即家族對此企業擁有一定比例的所有權（家族所有與控制）；企業經營者（董事或經理人）中有一定比例由家族成員擔任（家族經營）。換言之，家族企業與非家族企業最大的不同之處，在於家族企業的所有權與經營權皆掌握在家族成員手中。

**圖表 1-1　家族企業的三大特色**

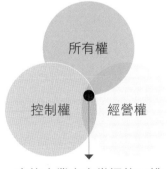

家族企業牢牢掌握的三權

製圖：萬國法律事務所

上述模式的形成，大多出於家族企業往往內舉不避親，認為任用家族成員比較好溝通、好做事、容易產生共通的理念與價值觀，再加上，多數家族企業在傳統觀念上傾向採取「子承父業」的方式，所以做法上，大多從家族後代中選擇有能力者作為家族企業的未來接班人，並將企業的經營權和股權一起交棒給下一代。

　　在這種經營模式與傳承觀念結合下，家族企業掌門人理所當然地認為，必須將家族後代培養成有能力的接班人。只不過，不是每一位家族後代都有企業管理及經營的能力，特別是家族後代無力接班或無意願接班、又因家族企業較難吸引外部優秀人才加入，最終可能導致家族企業的發展大受影響。

　　如果所有家族成員都能將公司的利益擺在首位、齊心努力，則家族企業的發展可能愈來愈好。然而，無可否認地，許多家族成員容易流於公私不分，認為公司是我家開的，在行事上沒有刻意區分是以家族成員身分、還是公司職員身分參與家族企業。因此，家族企業中充斥著橫行霸道的王子或公主，還有在公司中未掛任何職務卻插手公司事務的董娘，甚至家族企業創辦人在退休後，亦常以指導者的身分指導家族企業的營運方向。這類事件在家族企業裡層出不窮，容易使得非家族成員的職員看風向行事，進而在工作處理上發生不尊重公司倫理、習於越級報告、結黨營私向有勢力的一方靠攏，嚴重者甚至在財務上有公庫通私庫的不良行為。

　　再者，家族企業形成之初，通常仰賴創辦人的個人信譽及政商人脈等社會網絡資源，持續性地與供應鏈中的上下游廠商互動，

重視各方利害關係人之間的關係，從而建立更穩定、長久的合作來降低採購和交易成本。不過，隨著家族企業規模擴大或產業環境迭代，既有的人情也可能成為拖累企業的包袱，無法引進條件更好的合作廠商，如果創辦人因過往的成功經驗而難以聽取不同的觀點，也會成為影響企業未來發展的一大阻礙因素。

　　另外，由於家族成員在家族企業中位高權重，經營決策上容易出現一言堂的情形，使得對企業不利但對於家族有利的意見容易被採納，導致企業內部的監督制衡機制無法有效運作。不僅如此，隨著家族開枝散葉，在家族成員人數增加、組成愈發複雜之下，家族成員之間就容易爭權奪利，然後在這過程中可能造成家族企業分家、股份外流、企業與品牌形象受損，甚至被其他企業併購等結果。因此，如何維持家族企業穩定的經營與妥善的分工，也是傳承必須關注的問題。

　　為了解決上述家族企業的傳承問題，家族企業應同時關注家族治理及公司治理兩大面向。一方面，透過強化企業的公司治理，保障投資人的權益；另一方面，藉由訂立家族治理機制，建立有效的溝通平台，促進家族企業傳承接班，使企業運作及家族之間能夠嚴守分際，以避免公私不分。

　　近年來，國內家族企業因接班問題導致經營權爭奪的事件頻傳。例如：2016年的葡萄王生技、2022年的長榮公司及2023年的泰山公司。這些事件皆說明家族企業創辦人除了創立公司之外，也要做好家族企業傳承的安排。

事實上，國外不乏百年以上屹立不搖的著名家族企業。例如：美國洛克菲勒家族於1870年創立標準石油公司（Standard Oil Company），攢進鉅額財富，百餘年來造福超過七代人；德國的默克家族亦已傳承十幾代，綿延逾三百多年。綜觀上述家族企業能夠傳承百年，皆有一共同點，即是有完善的「**家族企業傳承規劃**」及「**家族治理架構**」。過去，香港的李錦記集團也曾經發生兩次重大的家族爭產紛爭，之後透過建構完善的家族企業傳承規劃及家族治理架構，確保了家族的和諧與永續。借鏡外國家族企業百年歷史，歷經數代開枝散葉後的家族，必須透過建立傳承規劃與制度化管理，方能確保家族和諧與家族企業永續發展。

　　基本上，家族企業接班人的培養需要時間，無法一蹴可幾，更何況家族企業傳承並非僅是在財富、事業等有形的資產層面，更涵蓋了無形的家族價值、企業文化等層面的精神理念。家族企業應於糾紛尚未發生、掌門人尚有控制力時，確立家族企業傳承規劃及家族治理架構，訂定家族成員的角色定位、權利與義務分配、接班機制、家族衝突解決之道、家族價值觀等事宜。同時，家族可視本身需求，透過外部專業機構的協助，建立家族企業傳承規劃與家族治理制度。唯有將制度建立起來，家族企業的經營才有可能走向永續發展。

　　因此，無論家族企業想要永續經營並傳承給下一代，或是僅想保有家族企業的所有權，又或是無意由家族成員繼續擁有或經營該企業，及早規劃與執行家族接班，以及確立家族治理架構，都是至關重要的事。

## 本書為誰而寫？為何而寫？

雖說家族企業要順利傳承，需要有完善的規劃與治理制度，但事實上，家族企業傳承所涉及的議題複雜且多元，國內的家族企業對於相關議題似乎不夠重視，也缺乏相關知識。因此，本書試圖以淺顯易懂的文字，分析家族企業傳承的各項規劃與家族治理機制，提供家族企業的（一）企業主、（二）接班人、（三）家族成員、（四）家族外的專業經理人，了解在家族傳承中可能面臨的挑戰與因應之道。

再者，書中也說明「經營權」、「股權」的相關法律規定，投資人可以藉此了解家族企業的經營手法，作為潛在投資對象的觀察指標。最後，希望透過閱讀本書，讓各界能夠更加關注家族企業傳承議題，使我國的家族企業能夠繼續成長茁壯。

# 傳承工具——贈與

　　本章將帶領各位讀者認識幾種常見的傳承工具，包含贈與、遺囑、控股公司、閉鎖性公司、基金會、信託、家族憲法及家族辦公室，並分析其各自的優缺點、選擇時應注意的事項及使用時機，希望藉由解析這些工具，讀者可以知道如何更好地展開適合自己家族的傳承計畫。首先，從贈與開始說明。

　　《遺產及贈與稅法》所稱的贈與，是指財產所有人在世時，將自己的財產無償給予他人，經他人允受而產生效力的行為。贈與資產可以是現金、不動產或是股票，贈與人應按照贈與資產的價值，先扣除免稅額後，再依累進稅率繳納贈與稅（參見圖表1-2）。

# 贈與的優點

如果是透過繼承方式繼承上一代的遺產，只要超過新台幣1,333萬元的遺產稅免稅額度，應依累進稅率繳納遺產稅。因此，如果需傳承的財產總額大於遺產稅免稅額，即可考慮透過分年贈與的方式，於在世時提前移轉財產，合法降低應繳納的「**贈與稅額**」及「**遺產稅額**」。換言之，上一代可以利用贈與的方式，預先分配與規劃財產及家族經營權。總結來說，贈與有兩大優點：

圖表 1-2 **贈與的累進稅率**

| 課稅贈與淨額（新台幣／元） | 稅率 | 累進差額（新台幣／元） |
|---|---|---|
| 25,000,000以下 | 10% | 0 |
| 25,000,001～50,000,000 | 15% | 1,250,000 |
| 50,000,001以上 | 20% | 3,750,000 |

製表：萬國法律事務所

**第一、善用分年贈與來降低或免除贈與稅額。**依《遺產及贈與稅法》規定，每人每年有新台幣244萬元贈與免稅額。因此，如果能善用每年的免稅額度，計畫性地分年贈與，規劃單次贈與的金額，即可降低或免除贈與稅的適用稅率。此外，《遺產及贈與稅法》第

20條第1項第7款亦規定，父母於子女婚嫁時所贈與的財物，總金額不超過新台幣100萬元的部分不計入贈與總額，亦可善加利用。贈與者只要持續地分年、逐次贈與，透過減少自己的資產金額，降低過世後的遺產稅稅率（參見圖表1-3）。

　　**第二、贈與可立即將財產移轉予子女，不須擔心百年後的繼承分配問題。** 透過生前贈與的安排與分配，贈與人雖然需要繳交相關贈與稅賦，卻可以立即、自由地將財產依自身意願、需求及喜好進行分配，例如：將家族企業的股權提前贈與繼任接班的家族成員、將不動產贈與特定之子女來確保其生活安穩及品質等。

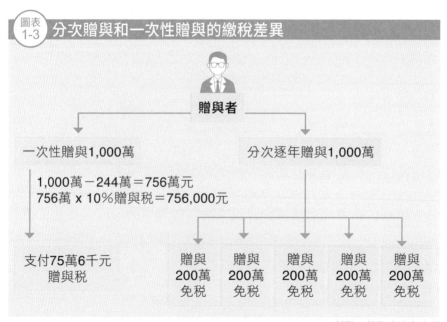

圖表 1-3　分次贈與和一次性贈與的繳稅差異

贈與者

一次性贈與1,000萬　　　　　分次逐年贈與1,000萬

1,000萬－244萬＝756萬元
756萬 x 10％贈與稅＝756,000元

支付75萬6千元
贈與稅

| 贈與200萬免稅 | 贈與200萬免稅 | 贈與200萬免稅 | 贈與200萬免稅 | 贈與200萬免稅 |

製圖：萬國法律事務所

# 贈與的缺點

透過上面的介紹，讀者也許認為贈與是節稅的好工具，不過由於贈與大多是在贈與者生前發生的行為，所以必須慎重思考下面三項缺點：

**第一、資產因贈與而轉移，原則上無法反悔收回。**如果贈與未課受贈人任何負擔時，則贈與物尚未移轉前，贈與人都可以無條件撤銷贈與，但如果贈與物的權利已經移轉，則不得撤銷。特別注意的是，已經公證的贈與，縱然還未移轉贈與物，同樣不得任意撤銷贈與。因此，為了避免子女受贈後有不願贍養或不受管教的情形，可利用「附負擔贈與」，例如：在子女不履行負擔時，贈與人即得撤銷贈與。

**第二、贈與無法解決家族企業股權的分配難題。**企業主雖然可以透過贈與方式，安排家族企業股權的歸屬，但如果贈與僅是基於企業主個人的決策或意願，並未取得其他家族成員的共識，可能引起家族紛爭及不滿，而且如果受贈人數過多，股權將因此分散，不利家族企業的未來經營。

**第三、如果傳承的資產較多，贈與的節稅效果有限。**因贈與的免稅額度是以每一位贈與人為單位，贈與對象必須合併計算，因此在子女人數較多的情況下，每一位子女可以贈與的額度將大減。此外，如果傳承的資產金額較高，透過分年贈與來降低稅賦的效果恐怕有限，此時仍然需要運用或搭配其他傳承工具一起使用。

「附負擔贈與」是什麼？

附負擔贈與是指贈與人在贈與契約當中，約定受贈人必須對贈與人或第三人負有一定的給付義務，所以只要受贈人接受贈與，等於接受了贈與人提出的負擔。這種贈與方式並不少見，日常生活中我們常見父母將房產過戶給子女，並要求子女照顧自己的晚年生活，這就是一種附負擔贈與。在這種情況下，只要受贈人不履行負擔，贈與人得以請求受贈人履行其負擔或撤銷贈與。

# 贈與的注意事項

將財產以贈與的方式移轉予親屬時，涉及的相關稅目除了贈與稅外，依據不同的贈與標的，尚須負擔土地增值稅、房屋契稅、有價證券的證券交易稅及印花稅等相關稅賦，尤其是民國105年1月1日「房地合一稅」施行後，子女如果想出售受贈房屋，因其成本認定是以「受贈時房屋評定現值及公告土地現值」為準，所以房屋評定現值及公告土地現值大多遠低於市價，導致出售時需課徵房地合一稅的實際獲利偏高，如果持有期間過短，更有可能被課予高稅率[1]。因此，規劃贈與時，贈與人的財產金額及資產總類、子女人數、期望達成的目的（是為了立即移轉資產？是為了想保護特定子女？）等，皆是必須考量的重點。此外，除了稅務方面的考量外，也應注

意特種贈與的歸扣問題、死亡2年內贈與的財產將被歸為遺產總額課予遺產稅等相關風險（本章LESSON 4會再詳細說明），因此規劃贈與時，應該審慎試算，並建議可以洽詢稅務、法律等相關專家的意見。

## 贈與的使用時機與考量——要預先規劃的傳承工具

依據《遺產及贈與稅法》規定，被繼承人死亡前2年內贈與配偶[2]或其他法定繼承人及其配偶的財產，都視為被繼承人的遺產，併入遺產總額課徵遺產稅。因此，如果等到年老或生病時，才想利用贈與將資產移轉給繼承人，不但浪費了過往每年的免稅額度，萬一贈與的時點落於死亡前2年內，將被納入遺產總額計算中。因此，如果想透過贈與方式傳承資產，務必及早規劃，並且可以考慮請專業人士協助，一同檢視被繼承人的財富類型與財富總額，方能達成節省贈與稅及遺產稅的目的。

LESSON**3**

# 傳承工具——遺囑

　　一直以來，如何避免在長輩百年後，後代為了爭奪遺產而兄弟鬩牆，甚至對簿公堂，是家族財產傳承中的一大重要課題。在未立遺囑或遺囑無效的情形下，被繼承人的財產將依法律規定的繼承順位及比例來繼承分配，即須按「應繼分」繼承遺產。

　　換言之，如果訂立的遺囑有效，則遺囑人的遺產在不違反特留分等相關規定範圍內，將依遺囑進行分配；如果有侵犯到特留分，受侵害者得於知悉特留分被侵害的2年內提告請求回復，但不能超過被繼承人死亡10年。針對各遺產繼承人的繼承順位、應繼分及特留分的法律規定，請參考圖表1-4（遺囑具體應用會在第3章詳細說明）：

**應計分與特留分的法定分配方式**

| 繼承順位 | 應繼分 | 特留分 |
|---|---|---|
| 不須列入繼承順序 | 配偶為法定繼承人，不須與其他繼承人排序 | 應繼分的1/2 |
| 第一順位：直系血親卑親屬 | 按人數與配偶均分 | 應繼分的1/2 |
| 第二順位：父母 | 配偶得 1/2 ；其餘 1/2 按人數均分 | 應繼分的1/2 |
| 第三順位：兄弟姊妹 | 配偶得 1/2；其餘 1/2 按人數均分 | 應繼分的1/3 |
| 第四順位：祖父母 | 配偶得 2/3；其餘 1/3 按人數均分 | 應繼分的1/3 |

製表：萬國法律事務所

## 遺囑的優點

　　**遺囑可以在相當程度上完成立遺囑人的心願，是這項傳承工具的最大好處。**在不違反法定特留分的範圍內，遺囑人可以在生前以符合自己意願及喜好的方式，自由地分配自己遺留的財產。換句話說，法律上只要在特留分容許限度內，遺囑人當得依其自由意志，透過預立遺囑的方式進行財產的分配規劃，而且除了分配給中意的繼承人外，也可以將財產分配給非繼承人。此外，遺囑人還可以設定一些條件，明訂必須在條件滿足的情況下，繼承人或受遺贈人才能取得財產。

## 遺囑的缺點

立遺囑人雖然可以透過遺囑來分配與規劃財產，但是針對整體家族事業的傳承，仍然難以期望單純地憑藉遺囑這項單一機制來達成，主要的侷限在於：

第一、遺囑的有效性如果遭受質疑而發生繼承訴訟，可能阻礙家族事業的傳承。企業經營是持續且動態的歷程，然而繼承訴訟程序曠日廢時，如果立遺囑時沒有全盤考量及部署，或未諮詢法律專家訂定「合法」、「有效」、「無瑕疵」的遺囑，一旦遺囑的有效性發生爭議而進入繼承訴訟階段，就有可能影響家族企業的營運，甚至引發經營權爭奪、經營空窗期等情況，進而損及家族聲譽及利益。

第二、遺囑傳承限縮在配偶及下一代子女，較難達到永續傳承的目的。遺囑人雖然可以透過遺囑將資產分配給非繼承人，但是仍受限於特留分的規定，就整體家族企業及資產傳承來看，還是得配合其他傳承工具一起規劃比較完善。

## 遺囑的注意事項

依《民法》第1189條至第1197條規定，遺囑可以採取自書遺囑、公證遺囑、密封遺囑、代筆遺囑及口授遺囑等方式為之，但是需要注意，不同遺囑類型皆有不同的成立要件及優缺點，立遺囑人

可視自身需求及情況採用。同樣地，為了避免遺囑違反相關法令而全部或部分無效，立遺囑前最好洽詢相關專業人士，確保遺囑能夠達到資產傳承的目的。此外，下一代爭執遺囑有效性，甚至不惜偽造、變造或藏匿遺囑的情形也時有所聞，就此，遺囑人可以考慮採行公證遺囑或密封遺囑等方式，透過公證制度來降低遺囑相關糾紛的風險。關於遺囑的種類及其優缺點，可參考圖表1-5的說明。

### 圖表 1-5　遺囑的種類及各自優缺點

| 遺囑種類 | 要件 | 優點 | 缺點 |
|---|---|---|---|
| 自書遺囑 | 一.由遺囑人自書遺囑全文；<br>二.記明年、月、日；<br>三.親自簽名。 | 一.可由遺囑人自行書寫，秘密性最高。<br>二.最為便捷、費用較低。 | 一.因為沒有證人，比較難證明是否為本人書寫，容易發生偽造、變造或藏匿的爭議。<br>二.如果未由專業人士審閱，可能會有遺囑內容不明確或違反相關法令而全部、部分無效的風險。 |
| 公證遺囑 | 一.2人以上見證人；<br>二.在公證人前口述遺囑意旨；<br>三.由公證人筆記、宣讀、講解；<br>四.經遺囑人認可後，記明年、月、日；<br>五.由公證人、見證人及遺囑人同行簽名。 | 真實性高、較不受質疑。 | 製作的便利性不如自書遺囑。 |

| 遺囑種類 | 要件 | 優點 | 缺點 |
|---|---|---|---|
| 密封遺囑 | 一.遺囑人在遺囑上簽名；<br>二.由遺囑人將遺囑密封，並於封縫處簽名；<br>三.2人以上見證人；<br>四.由遺囑人向公證人提出，陳述其為自己的遺囑；<br>五.由公證人於封面記明該遺囑提出的年、月、日及遺囑人所陳述的內容；<br>六.由公證人、遺囑人及見證人同行簽名。 | 一.同時兼具自書遺囑及公證遺囑的優點。<br>二.兼顧秘密性及公證效果。 | 一.如果屬於自書形式的密封遺囑，仍有自書遺囑的缺點。<br>二.製作的便利性不如自書遺囑。 |
| 代筆遺囑 | 一.3人以上見證人；<br>二.由遺囑人口述遺囑意旨，由見證人中的1人筆記、宣讀、講解；<br>三.經遺囑人認可後，記明年、月、日及代筆人之姓名；<br>四.由見證人全體及遺囑人同行簽名。 | 不須公證，較為便利。 | 一.未經公證，真偽較難判明。<br>二.見證人要求人數最多，容易有利益衝突的情形發生，進而導致遺囑無效。 |
| 口授遺囑 | 遺囑人因生命危急或其他特殊情形，不能依上述等方式立遺囑者，可以依以下兩種方式制定口授遺囑：<br><br>一.筆記口授遺囑：<br>（一）2人以上見證人；<br>（二）由遺囑人口授遺囑意旨；<br>（三）由見證人中的1人，將該遺囑意旨，據實製作成筆記，再記明年、月、日<br>（四）與其他見證人同行簽名。 | 於生命危急或其他特殊情形發生時，依法定方式訂立遺囑。 | 僅於特定情形才適用。 |

| 遺囑種類 | 要件 | 優點 | 缺點 |
|---|---|---|---|
| 口授遺囑 | 二.錄音口授遺囑：<br>（一）2人以上見證人；<br>（二）由遺囑人口述遺囑意旨、遺囑人姓名及年、月、日；<br>（三）由見證人全體口述遺囑內容確實為遺囑人親口所述，以及見證人姓名；<br>（四）此過程全部錄音，並將錄音帶當場密封，記明年、月、日，由見證人全體在封縫處同行簽名。 | 於生命危急或其他特殊情形發生時，依法定方式訂立遺囑。 | 僅於特定情形才適用。 |

製表：萬國法律事務所

## ✏ 遺囑的使用時機與考量
## ──防患未然的傳承工具

　　遺囑是一個防患未然的傳承工具，試想在沒有預先立遺囑的情況下，上一代百年後，其現金、不動產及家族企業股份等資產，將依法定分配方式來分配，然而這種分配方式並不一定與被繼承人所希望的方式相同。唯有預先擬定遺囑，繼承人才有所遵循，不會因上一代突然離世而陷入混亂或紛爭，如果再搭配其他傳承工具，傳承的規劃將會更圓滿。

# 傳承工具——控股公司

　　隨著家族事業擴張及發展多角化，許多家族需要同時經營多家不同公司，或有布局海外的需求，要如何管理、整合並傳承各家公司之間的資產與資源，使其發揮最大綜效，為許多家族關心的議題。許多家族因此選擇透過設立控股公司的模式，以一個控制主體持有多家不同公司來集中家族企業的股權，以達到永續經營、傳承資產的目的。

　　所謂控股公司，指的是持有另一家公司的股權，以法人持股方式參與家族企業的經營，臺灣有許多知名家族選擇以控股公司的模式經營家族企業。然而，單純的控股公司經營模式，仍然難以完全防範家族世代更替後，股權可能遭到稀釋、分散的困境，尤其是近年《公司法》相關法規修正後，如果沒有因應新修法調整公司的組織，再搭配其他傳承工具，例如：閉鎖性公司、信託或家族憲章

等，甚至有可能引發經營權風險，不可不察。（控股公司的應用會在第3章詳細說明）

## 控股公司的優點

關於透過設立控股公司來控制家族企業股份的優點，有以下三點：

**第一、股權集中，有助於穩定、強化家族企業的控制權。** 透過控股公司的制度來集中家族企業的股權，可以一定程度地避免特定一位家族成員的持股因繼承、分家或轉賣而導致股權分散的問題。此外，當家族內部對於事業的經營持不同意見時，也能將問題集中在控股公司內部解決，取得家族共識、對外統一意見，避免不同企業各自為政、多頭馬車的情形。

**第二、所有權及經營權分開。** 2018年《公司法》大幅修正後，依其第157條規定，非公開發行公司可以發行的特別股種類更為多元，賦予經營者的經營彈性更大，因此控股公司得以透過發行不同種類的特別股，確保達成經營權穩定及保護家族成員的目的。例如：針對不參與公司經營的家族成員，發行無表決權但可以分派股息及紅利的特別股，保障他們仍然能受益於家族財富；針對主導經營或將接班的家族成員，發行複數表決權或對特定事項具否決權的特別股，確保公司經營的穩定。

第三、延遲繳稅利益。若家族成員是以個人身分持有公司股份，收受公司股利時，應申報股利所得。不過，如果改以控股公司身分持有公司股份，控股公司獲得的分紅收益就屬於轉投資收益，不必繳納所得稅，總體而言，具有延遲繳稅的效果。但請注意，若控股公司未再將領到的股利分配給股東[3]，則未分配盈餘的部分仍然必須繳納5％的所得稅。

# 控股公司的缺點

控股公司雖然一定程度地集中了家族企業的股權，不過《公司法》第163條規定，股份轉讓除了本法另有規定之外，例如：《公司法》第356條之1的閉鎖性公司，以及第157條第1項第7款特別股，不得以章程來禁止或限制股份轉讓行為，**因此無法限制家族成員轉讓手中持有的控股公司股份**，有可能造成股權分散、經營權移交外人等風險（控股公司的應用會在第3章詳細說明）。

# 控股公司的注意事項

當家族企業日益壯大，整合公司資源並集中股權成為家族企業的經營重點，而成立控股公司來控制家族企業，為我國許多家族選擇的傳承手段。關於設立控股公司的設立細節，例如：應如何設計

控股架構？應選擇於國內還是國外設立控股公司？是否發行不同種類的特別股來賦予家族成員不同的角色任務？以上等問題皆與家族企業、集團的產業性質、傳承目標及未來營運規劃息息相關，應全盤考量與評估後再做規劃，並且建議在規劃時一併諮詢法律、財稅等專業人士的意見。

## 控股公司的使用時機與考量 ──整合家族企業股權的傳承工具

　　如同上述的說明，成立家族控股公司的目的，大多是為了集中股權、統合家族資源來穩定經營權，但是依《公司法》相關規定，控股公司無法限制家族成員轉讓及處分他們持有的股份，因此當家族成員內部意見分歧，或是有家族成員想要退出家族事業的經營，皆有可能將持有的控股公司股份賣給家族成員以外的第三人，造成經營權紛爭等問題的發生。也因此，近來愈來愈多家族選擇採用控股公司搭配「閉鎖性公司」的制度，以求更好地保護家族利益（關於閉鎖性公司於下一小節LESSON 5介紹說明）。例如：大立光創辦人林耀英先生自2018年底即宣布啟動家族傳承計畫，透過成立閉鎖性的控股公司「茂鈺紀念股份有限公司」，集中家族成員持有大立光的股份。

# 傳承工具
## ——閉鎖性公司

　　自《公司法》於2015年增訂「閉鎖性公司」章節起，閉鎖性公司已經成為近年愈來愈受關注的家族傳承機制之一，主因是閉鎖性公司可於章程中明定股份轉讓的限制，使得許多想集中股權的家族企業企業主趨之若鶩。

## 閉鎖性公司的優點

　　**第一、可限制股權轉讓，避免股權外流。** 依《公司法》第356條之1規定，「閉鎖性股份有限公司」是指於章程中定有股份轉讓限制的非公開發行股票公司，例如：股東違反章程中規定的股份轉讓限制，私自將股份移轉予第三人，則此舉將因違反章程規定而無效。

也因此，股份轉讓的限制成為閉鎖性公司與其他一般公司最大的不同。透過股份轉讓的限制，能夠避免家族成員在未經其他家族成員同意的情況下，私自將股份轉讓給第三人，相當程度地防止股權外流、家族企業的經營權移轉等風險。

第二、閉鎖性公司較其他類型的公司具有更高的彈性。雖然2018年《公司法》修正後，非公開發行的一般股份有限公司已經可以發行不同種類的特別股，包含複數表決權特別股、否決權特別股等，但閉鎖性公司仍然賦予經營者相較於一般股份有限公司更高的彈性，例如：發行新股時，一般股份有限公司必須強制保留股東和員工優先承購新股的規定，反觀閉鎖性公司卻可以排除這項規定。另外，閉鎖性公司亦得藉由章程的規定放寬董監事的選任方式，選擇不採累積投票制。制度上的放寬，方便參與經營的家族成員強化及鞏固自家各方面的絕對控制，凸顯出閉鎖性公司在治理設計上的彈性優勢。

# 閉鎖性公司的缺點

閉鎖性公司雖然可以透過股份轉讓限制、各種特別股的設計及相對有彈性的制度，達成特定的家族傳承目的，然而閉鎖性公司也有自身的限制及缺點：

第一、閉鎖性公司有法定人數的限制。依《公司法》第356條之

1規定，閉鎖性公司股東人數不得超過50人，這問題會隨著家族成員世代更替、繼承股份人數慢慢增加後逐漸浮現。此外，閉鎖性公司不得公開發行股票，如果想公開發行股票，就必須要經過股東會特別決議，轉換為非閉鎖性股份有限公司才行，因此有可能限制了閉鎖性公司的發展。

第二、閉鎖性公司的閉鎖性質並非無法變更。依《公司法》第356條之13規定，經股東會特別決議（如果章程沒有特別規定，一般是指2/3股東出席、1/2過半數同意），閉鎖性公司得以轉換為非閉鎖性股份有限公司。此外，關於股份轉讓的限制，也可以透過修改章程的方式予以放寬。

## ✐ 閉鎖性公司的注意事項

閉鎖性公司藉由限制股份轉讓的手段，相較於一般控股公司，雖然更能達成股權集中、避免股份外流至家族成員之外第三人的目的，但是經過世世代代的傳承，股東人數超過50人、家族後代無意維持家族企業的閉鎖性、家族內部不和諧等情況，均有可能依法或經決議轉換為非閉鎖性股份有限公司，因而無法繼續維持閉鎖性的性質。長遠而言，似乎難以期待單純藉由閉鎖性公司的機制來維持家族企業的永續經營，因此於傳承規劃時，亦可考慮再搭配信託、家族憲章等其他傳承工具來保障基業長青。

# ◢ 閉鎖性公司的使用時機與考量
## ── 可彈性限制股份轉讓的傳承工具

由於閉鎖性公司的章程可以彈性規劃，明訂股份轉讓的限制，以及發行不同功能的特別股等條件，近年來已經有愈來愈多的家族採用控股公司加上閉鎖性公司的架構，以達到凝聚家族資源、避免家族股份外流的效果。

然而，閉鎖性公司與一般股份有限公司的股權設計差異，主要在於普通股移轉限制的要求，而且特別股的發行設計涉及稅務及法律規範，因此在執行過程中，建議先利用閉鎖性公司的普通股移轉限制，先行完成家族企業傳承中最重要的關鍵──集中股份、避免外流，再規劃特別股等其他公司的傳承要項，並且建議特別股部分應向律師、會計師等法律及財稅專業顧問諮詢。

# 傳承工具──基金會

為了集中掌控家族企業的股權，於2018年8月1日公布《財團法人法》之前，不乏許多大家族選擇以成立財團法人基金會的方式，控股家族企業股份，但是細究財團法人基金會的公益本質，以及因《財團法人法》施行後，財團法人的人事、財產與營運將受到諸多限制，而且主管機關將以更高密度監督基金會，自此，基金會從「**家族財富**」的傳承工具，轉型成為「**家族理念**」的傳承工具。

## 基金會的優點

儘管如此，基金會還是有以下兩項優點：

**第一、股權由基金會持有，股權集中。**透過由基金會持有家族

企業股份的方式，股份不是由個別家族成員持有，而是以類似於控股公司的形式掌控，因此股權不會因處分或繼承等原因而分散。

第二、建立公眾形象，強化家族理念。財團法人是以從事公益為目的，由捐助人捐助一定財產，經主管機關許可，向法院登記的私法人，因此財團法人的設立、組織及運作可以增進民眾福祉，為家族經營良好的形象。不僅如此，在家族傳承的實踐中，大家往往只關注財富傳承的模式，反倒忽視家族理念也是傳承的一環，而基金會的公益理念就包含著家族思想與價值，是一種能夠永續留存的傳承工具。

## 基金會的缺點及注意事項

早年有不少企業主選擇設立財團法人基金會，以此控制家族企業的股份，功能類似控股公司的經營方式，但事實上，這種做法與財團法人本身的公益性質其實相互衝突，例如：每年承作公益的金額太少，而與獲得免稅的金額差距太大等情況。由於基金會的財產具有公益性，因此政府於2018年公布《財團法人法》，增加了基金會的限制與監督，舉例而言：

● **年度工作與財務收支部分**：每年必須將資料申報給主管機關備查至少2次，只要主管機關發現異狀，確認有與設

立目的不符的情形，就可以敦促改善、撤銷或廢止財團法人許可（第25條第1項、第30條規定）。

● **變更登記部分**：包含法人名稱、董事及監察人變更、捐助章程修改等事項，都要經過董事會特別決議，然後經過主管機關許可、法院登記（第45條第2項）。再者，對董事、監察人之間的親屬關係及人數比例，亦訂有限制與獨立性的要求（第41條規定）。

● **財產運用的限制**：購買股票的金額上限為財產總額5％，而且不得對單一公司持股超過5％（第19條第3項第5款規定）。

# 基金會的使用時機與考量 ——家族理念的傳承工具

相較於其他傳承工具，財團法人的公益性質得以為家族宣揚公益理念，對外經營良好形象，所以可說是家族理念的最佳傳承工具。不過，如同上述說明，基金會的監督與限制頗多，最好再搭配其他傳承工具一起使用。

# 傳承工具——信託 [4,5,6,7]

　　近年來，國內的企業主或家族主事者日益關注家族企業及家族財富傳承的議題。為了能平穩地移轉家族企業的股權及家族財產，許多企業主或家族主事者也嘗試透過信託的方式來進行家族財富的跨代傳承。此種以家族財富的管理、傳承及保護為本旨，通常以家族成員或家族企業為關係人或參與人的信託模式，被概稱為「家族信託」，在國外實務上並不罕見。例如：歐美知名石油企業的洛克菲勒家族、鋼鐵大王卡內基家族（Carnegie family）等，都是利用家族信託來達成家族基業妥善規劃及傳承的極佳案例。

　　一般而言，信託是一種「**委託人**」、「**受託人**」與「**受益人**」等三方信託人之間，以財產權為中心的法律關係。依我國《信託法》第1條規定，信託要成立，委託人必須移轉或處分其財產權，使受託人可以依照信託本旨，為受益人的利益或特定目的來管理或處分

信託財產。圖表1-6為一般信託的三方關係圖：

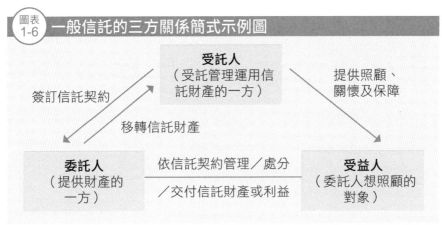

圖表 1-6　一般信託的三方關係簡式示例圖

受託人
（受託管理運用信託財產的一方）

簽訂信託契約

移轉信託財產

委託人
（提供財產的一方）

依信託契約管理／處分
／交付信託財產或利益

提供照顧、
關懷及保障

受益人
（委託人想照顧的對象）

製圖：萬國法律事務所

延伸閱讀

## 沒有受益人的特定目的信託

不是所有的信託關係都必須有受益人，像「特定目的信託」就是一種沒有受益人的信託方式。此種信託是為了某一特定的目的而創設，不過通常是非公益性質的目的，例如：管理委託人身後的墓地、確保寵物獲得充足照顧、確保家族財富得以永續傳承等私人利益，並非為了受益人的利益。有許多國家容許創設特定目的信託，但是我國目前針對此種信託的辦理方式、相關權利義務等事項，尚未明文規定，因此實務上沒有辦理此種信託的公開案例可循。

# ✒ 信託的優點

許多人也許會擔心信託後財產不在委託人名下，有可能發生財產被受託人或受益人濫用卻無法對其採取行動的情況。此時，信託的特色就成為這項工具的優點，這裡總結出三大優點：

**第一、信託的財產具有獨立性。** 有別於贈與或其他方式的財產權移轉，當委託人將財產交付信託後，受託人雖然是名義上的所有人，但實際上，信託的財產仍然獨立於受託人的自有財產之外。換言之，受託人如果有債權人，信託財產不會在求償範圍內；受託人如果是自然人，在其過世後，信託財產不屬於受託人的遺產；受託人如果是法人，當其破產時，信託財產不屬於受託人的破產財團；信託財產原則上也不得強制執行。

**第二、信託後委託人對其財產仍然可能保留掌控性。** 我們常在新聞中看到，父母將自己的財產以贈與或其他方式移轉給子女之後，子女就棄養父母、不理不顧。原因在於，上述的財產移轉方式一旦完成，財產就為受移轉人所有，並且有權依其自由意志運用或處分財產，法律上原財產所有人可能無法再干涉受移轉人的財產運用。然而，在信託關係中，財產移轉對象是受託人，此人必須依信託本旨管理處分信託財產，換句話說，委託人可以在信託關係中約定受託人管理處分信託財產的方式、條件或限制，對於交付信託的財產仍具有一定程度的掌控權。

再者，信託財產雖然移轉至受託人名下，但受益人才是享有取得信託利益的人，委託人可以在信託關係中約定信託財產分配給受益人的方式、時機、條件等，相較於透過贈與或繼承等移轉方式，信託更有約束力，能夠避免原財產所有人直接將財產移轉受益人後，被揮霍或使用不慎，導致原財產所有人希望提供長期照顧的美意無法達成。

**第三、量身訂作的高度彈性。**信託可以契約或遺囑方式設立。以契約信託為例：可以依委託人實際需求訂定各種履行的條件、方式及時間等，在符合一定條件下也可以事後調整、更改，因此契約信託具有相當高的修改彈性，可以為委託人量身訂製，達成委託人對特定財產管理處分的願景。除金錢以外，只要可以用金錢計算價值權利的財產，例如：有價證券、動產、不動產、專利權、著作權等，都可以作為交付信託的財產。換言之，信託可以因應委託人個案情況，視其需求及目的，設計出不同的信託架構，其功能發揮廣於贈與、繼承等財產權移轉方式。

## 信託的缺點

至於信託在執行上與委託人最切身相關的侷限與缺點，我們歸結出兩項：

**第一、設立運作需要一定成本與時間。**以較為常見的契約信託

為例：因為受託人在信託成立前，通常必須與委託人確認信託契約的履約內容，所以除了受託人會收取一定的信託成立費用之外，信託期間依信託本旨管理處分信託財產，還會再定期收取信託管理費用。如果日後委託人想變更信託約定的內容，也會有費用衍生。

另一項費用則是衍生自信託的客製化特性上。如上所述，信託可以因應委託人整體需求而有不同的設計，所以常常需要具有專業法律、財務、稅務等領域的專家及顧問協助一同規劃及整合，而這些服務也會產生費用。

再者，目前家族信託制度在我國仍然處於發展階段，相關規範及實務見解上還有諸多未盡明確之處，如果委託人希望透過信託達成家族傳承的目的，可能會遇到若干技術性的適法性問題必須與主管機關進行溝通，假如信託架構較為複雜，或許需要一些時間來完成最妥適的規劃。

**第二、信託規劃可能無法對受益人保密。**由於家族傳承議題涉及到家族成員的身後事，傳統觀念上時常被視為一種忌諱，而且有時為了維持家族成員之間的和諧，有許多國內的企業主或家族主事者傾向先在子女或其他家族成員還不知道具體細節的情況下，進行傳承規劃。

然而，礙於我國《信託法》對受益人的權利義務定有諸多規範，儘管信託關係原則上委託人與受託人之間如何約定不須受益人同意即可成立，但是如果由信託業者擔任受託人，實務上信託業者

往往會要求受益人也要在信託契約上簽名，以避免爭議。此舉將導致信託契約中有關信託財產如何及何時分配、各受益人的分配比例等內容，很難對委託人以外的家族成員完全保密。相較之下，前面提及的遺囑做法比較有可能保密（關於遺囑請參閱本章的 LESSON 3）。

## 信託的注意事項

在信託關係中，受託人是信託財產名義上的持有人，由受託人依信託本旨協助執行信託財產的管理及處分事宜，直到信託目的完成或信託期間屆至為止。**由此可知，受託人身負重任，在信託過程中，慎選受託人非常重要**。建議委託人應該慎選值得信賴的對象為受託人，確保信託運作順利進行。受託人可以選擇信賴的親友，但是如果想規劃較長期的信託，尚須考量受託人身後，信託的任務是否及如何存續等問題。另外，受託人是否具備財務管理專業、信託財產相關會計、財務報告揭露的透明度是否充足等條件，也是挑選受託人時可以衡量的標準，因此實務上，許多企業主或家族主事者傾向首選由政府監管營運的信託業者擔任受託人等角色。

如果為一般有受益人的信託，委託人必須思考想照顧的對象是誰，除了已經存在的對象之外，例如：配偶、已出生的子女，是否還有其他未來可能存在的對象，例如：未來可能出生的孫子女、直系血親等。**釐清完整、明確的受益人，有助於確認信託財產最終將**

**信託明確化的檢核事項**

下列均為信託能否如願達成委託人需求的重要事項，必須審慎評估後明確與受託人約定，以盡量避免爭議。

☑ **信託目的**：此涉及受託人是否確實依照信託本旨執行信託相關事務的判斷。

☑ **信託財產範圍**：原則上得以依金錢計算價值的財產權，無論有體或無體，均可成為信託財產。

☑ **信託存續期間**：亦即，信託關係要維持多久？我國《信託法》沒有特別限制信託存續期間，但實務上，信託業者不一定願意辦理非常長期的信託，目前在臺灣已知最長的信託約為一百年。

☑ **信託財產管理及運用方法**：建議應明定受託人管理權限、受託人應辦理的事項及責任等。

☑ **信託收益如何計算、分配時機及方法**：例如，因信託財產所生各項收益（包括但不限於存款利息、配息及配股）是否均歸入信託財產？何時或符合什麼條件時，受託人才可以分配信託財產給受益人？分配方式是一次性，或定期定額？等等。

☑ **信託財產於信託關係消滅時，歸屬的對象及交付方式**：信託關係消滅時，如果沒有特別約定，則信託財產會依下列順序決定歸屬對象：一、享有全部信託利益之受益人。二、委託人或其繼承人。

☑ **受託人的報酬標準、計算方法、支付方法及時期**：視不同信託業者或受託人所提報酬標準而定。

☑ **信託管理費用**：視不同信託業者或受託人所提管理費用而定。

☑ **信託契約變更**：例如，在符合何種條件下，信託契約才能進行變更？哪些約定內容可以進行變更？等等。

☑ **解除及終止事由**：例如，哪些情事發生時，信託契約可以解除或終止？要辦理哪些程序？等等。

製表：萬國法律事務所

歸屬的對象。

整體而言，只要沒有信託相關法令規定或限制，基於私法自治及契約自由原則，信託的約定內容都可以依信託當事人的需求，在信託契約中明定相關權利義務，以達成信託本旨（參考圖表1-7）。

## 信託的使用時機與考量──長期、跨多世代、可分配的最佳傳承工具

企業主或家族主事者在規劃家族傳承時，除了下一世代的接班議題之外，大多希望能安排更長遠的計畫，著重在庇蔭後代子孫，同時使家族企業能持續壯大及長青。因此，一次性、短期性的財產權移轉不一定能滿足企業主或家族主事者的需求。相較之下，信託具有前述**獨立性、掌控性、高度彈性**等優點，在規劃長期、跨越多世代的傳承願景時，相當適合以信託作為達成家族傳承規劃的工具之一。

再者，由於信託在**委託人去世後，仍然可以繼續約束受託人依信託本旨完成委託人所託付的任務**，所以信託常被比喻為「逝者之手」。換言之，企業主或家族主事者如果擔心自己百年後，繼承人或接班人恣意揮霍、處分家族企業股權與家族財產，可以考慮透過信託手段，讓「逝者之手」持續監督及管理家族基業。

最後，因為企業主或家族主事者就其名下財產有自己預想的分

配方式，但是這些分配計畫如果沒有在生前進行處分或安排，在企業主或家族主事者百年後，可能因我國《民法》有關特留分的規定而無法如願分配。就此，**契約信託可以成為生前財富傳承安排的一種方式**，使企業主或家族主事者的分配計畫不致於因特留分等問題而完全無法執行。具體規劃細節將視個案情況而定，建議在規劃時一併諮詢法律、財稅等專業人士的意見。

# 傳承工具——
# 家族治理①家族憲章

　　家族基業的永續傳承，除了把目標放在家族企業長期、穩固地經營之外，良好的家族治理也是不可忽視的重要因素。國外早有不少家族採用家族治理工具，例如：制定家族憲章、使用家族辦公室服務等，達成長期性或永續性地保護、管理、傳承、拓展家族基業，以及照顧不同世代家族成員等目的。香港李錦記家族、美國洛克菲勒家族、德國羅斯柴爾德家族（Rothschild family）、法國穆里耶茲家族（Mulliez family）等，皆為著名的案例。

　　根據經濟部中小企業處統計，臺灣中小企業占全體企業98％以上，而且經營型態多以家族企業為主，因此在面臨跨代傳承時，家族治理議題實屬關鍵。如果可以就家族企業接班、家族財產分配等議題，預先完善地規劃，在相當程度上能夠避免家族成員之間的紛爭，以及其對家族企業經營產生的不良影響。

家族憲章是完善家族治理的制度之一，簡單來說，家族憲章是一份規範家族相關事務的文件，被喻為治理家族及傳承家業的根本大法。家族憲章的主要精神，在於將家族治理的方針、家族事業經營的核心價值、家族成員及家族事業管理人應遵循的行事準則等事項加以明文化，如同治國憲法一樣作為家族永續傳承的基石，並且以此維持及促進家族和諧。

具體涵蓋到什麼程度呢？舉例來說，從小到家族內部的教育金費、結婚對象的條件、離婚財產的分配，大到公司紅利分發、公司股票買賣、經營衝突的解決方式等，都可以列入家族憲章中。

## 家族憲章的優點

在家族事業逐漸發展壯大，以及家族財富累積的過程中，通常傳承規劃也會日趨複雜、涵蓋對象更廣，包括從家族各代成員到家族各項事業或組織，例如：家族企業集團、基金會；在家族事業或組織內家族成員以外的人員，例如：家族企業內高階專業經理人、資深員工；外部各專業顧問及團隊，例如：律師、會計師、銀行財管顧問；家族所使用的傳承機制，例如：境外信託、境內信託、家族辦公室。此時，家族憲章就是非常重要的傳承準則工具，具有二大優點：

**第一、能夠整合複雜性問題。**對於這些具有高複雜度的家族而

言，創立家族憲章可以有效地整合並明確化前述不同角色、組織、機制各自的功能與職責，以及彼此之間的連結及其他家族相關事務等，引導家族成員及後代子孫預防或解決可能發生的各種問題，維持家族事業的良好經營，使家族財富得以永續傳承。

第二、具有制衡與帶領的機能。此外，家族憲章可以透過各種治理架構的設計，令各家族成員之間或上述不同組織、機制之間相互制衡，避免單一家族成員無視整體家族發展，獨斷地處理相關事務。另外，此舉也可以將家族無形資產的傳承，例如：家族與家族企業的核心價值、家規、企業經營經驗、人脈；有形資產的分配方式，例如：家族企業股權、家族成員名下其他財產，合理地規範於家族憲章中，減少子女爭產或其他因繼承規劃不周導致家族分崩離析的危機。由此可知，家族憲章也具有預防家族糾紛、解決家族爭議與引領家族方向的功能。

## 家族憲章的缺點

家族憲章作為家族的根本大法，在內容制定上並不容易，可能會面對以下三大挑戰：

第一、制定規則時難以拿捏分寸。如果將家族憲章的條款制定得過於嚴格、限制太多，有可能侷限家族企業或各家族治理機構在做決策時的彈性與空間，進而無法有效發揮各自的功能，甚至可能

降低家族成員遵守的意願。反之，如果制定得過於寬鬆，也可能導致後代子孫恣意妄為，無法彰顯家族憲章的功能。

第二、過程耗時、耗力、耗金錢。家族憲章制定不易，過程中常需要委請法律、財稅等相關專業顧問協助，與信託工具一樣，必定有其他諮詢費用產生，而且家族成員之間如果意見分歧，還必須花時間向各個家族成員逐一說明、交換並整合意見等，所以制定過程相當漫長，最終也不一定能取得共識。

第三、家族憲章的拘束力可能有限。家族憲章並不等同於家族企業的股東協議，其內容可以包山包海，是一份經家族成員達成共識後將其具體明文化的文件。然而，此種文件是否產生法律拘束力，仍然必須依相關法律規定、一般契約法原則就具體個案情形予以設計，否則家族憲章所訂的相關事宜，不一定都具有法律拘束力。不過，在家族憲章的協議基礎上，還是可以利用現行法律訂立具有相當程度的法律效力文件，例如：信託契約、股權轉讓協議、遺囑、借名登記契約或股權代持契約、委任或代理契約、婚前協議等。

## 家族憲章的注意事項

家族憲章的機制主要依靠家族成員之間的共識及遵循意願而成立，內容通常包含家族歷史、家族企業理念、願景、家族價值觀、家族成員行為準則、治理機構等。其中治理機構可能是家族理事會、

企業董事會、家族大會，以及就特定事項成立至少2到3個相關委員會，例如：家族成員職業發展委員會、家族紛爭解決委員會、家族憲章委員會等，由於牽扯到的利害關係對象太多了，因此在制定憲章的過程中，有幾個必須具備的充分條件：

- 最好所有家族成員都參與其中；

- 務必將各個家族成員的利益及所關注的重點都納入考量；

- 盡可能在家族和諧、且不受權力爭鬥下進行，避免在缺乏領導者或家族企業資金緊張等負面情況下制定；

- 建議由企業主或受敬重的家族成員擔任主導角色，負責溝通協調、傳遞資訊、凝聚並強化家族成員之間的共識；

- 如果預算充足，建議可以透過家族外部顧問，例如：律師、會計師等一同協助。

　　經由滿足上述條件，透過主事者整合家族意見及需求，以及專家協助為家族量身打造憲章內容，從而大幅促進制定家族憲章所需的溝通及討論過程。

## ◢ 家族憲章的使用時機與考量——
## 解鎖龐大且複雜家族的傳承工具

　　如前所述，當家族成員、家族事業及組織、家族傳承機制、相關人員在家族發展過程中日趨複雜時，家族憲章有助於統整所有家族相關事務，提供所有家族成員一份可以遵循的準則。換言之，家族憲章適合家族關係、家族基業龐大且複雜的家族，也適合所有希望為後代建立明確遵循標準，而將家族事務制度化、透明化的家族。

LESSON **9**

# 傳承工具——
# 家族治理②家族辦公室

　　家族辦公室同樣是歐美許多家族偏愛的家族治理制度之一，歷史發展悠久，市場也更成熟，其核心功能主要在於家族財富的投資及管理。除此之外，發展完善的家族辦公室也提供了多樣化的服務，例如：商業、法律、財稅等專業諮詢服務，以及公益慈善事業管理、家族成員培訓教育、家族治理架構規劃、家族傳承計畫，甚至連家族庶務管理等大小事務都可以包含在內。

　　值得注意的是，建立家族辦公室之前，最好先訂定家族憲章。簡單來說，先透過家族憲章建立家族的家規，然後再透過家族辦公室來落實。換言之，家族辦公室可說是以家族成員利益為出發點，專為家族成員及家族企業服務的專業機構。

# ✎ 家族辦公室的優點

家族辦公室為富裕家族提供各種規劃安排及解決方案，能有效促進家族基業及家族財富的永續傳承，以及減少家族內部的糾紛。透過家族辦公室，家族相關事務可以組織化管理，產生的相關問題也能透明化處理，有助於降低或避免家族內部衝突的發生機率。總結來說，有以下三項優點：

**第一、容易凝聚共識。**傳統上，家族財富及相關事務大多由數個服務不同客戶、不同家庭成員的外部顧問來協助管理，彼此之間利益不一致或整合不良的情況屢見不鮮，相較之下，透過特定的家族辦公室組織設計，例如：家族辦公室由家族控股並由家族成員直接管理營運，更能確保家族財務及投資規劃與家族之間的利益保持一致性。

**第二、將利益最大化。**家族透過家族辦公室集中化和專業化管理資產，除了使家族在投資策略上更容易實現高回報之外，也能將投資的相關風險降至更低，甚至有助於整合各層面於一體，將風險集中化管理，促使相關專業顧問能與家族成員有效地溝通及合作，做出更為適當的決策，以達成家族的投資目標。

**第三、集中化衍生的優勢。**家族辦公室一方面可以整合內部共識，另一方面也可以全面地集中化整合其他專業性服務，包含公益慈善事業、稅務與財務規劃、家族治理規劃、家族成員之間的溝通及教育等事務，以達成家族使命並實現家族目標。

## 家族辦公室的缺點

　　家族辦公室可以針對家族各方面的需求，提供個別或整合性的服務，然而功能愈完善的家族辦公室，自然愈需要大量的家族財富來支撐其營運，以及提供服務所需花費的成本。因此，家族如果想要設立自己的家族辦公室，必須**先理解設立及維持家族辦公室的營運所費不貲**。即便不設立專屬自己家族的家族辦公室，而是利用現有成立的家族辦公室服務，通常營運成本也不低。另外，國內目前標榜有不少可以提供家族辦公室服務的資訊，但是具體服務內容與實績仍然必須再探詢確認。

## 家族辦公室的注意事項

　　家族辦公室可以有多種不同模式，如果家族希望設立自己的家族辦公室，必須視家族辦公室提供服務的內容、所服務的家族成員人數、提供服務的方式等相關因素，決定家族辦公室的設置、規模、組成及運作。具體做法上，**首先評估自家的資產規模、家族辦公室不同服務內容相應的成本等事項**，初步設想符合理想的家族辦公室形式，再制定出詳細的家族辦公室經營計畫。圖表1-8是建立家族辦公室的流程示意圖。

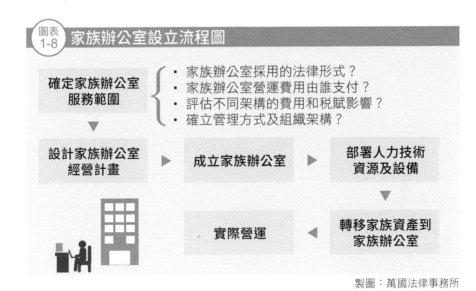

圖表 1-8　家族辦公室設立流程圖

確定家族辦公室
服務範圍
{
・家族辦公室採用的法律形式？
・家族辦公室營運費用由誰支付？
・評估不同架構的費用和稅賦影響？
・確立管理方式及組織架構？

設計家族辦公室
經營計畫　▶　成立家族辦公室　▶　部署人力技術
資源及設備

實際營運　◀　轉移家族資產到
家族辦公室

製圖：萬國法律事務所

　　圖表1-8中的成本考量包含但不限於：家族辦公室設置區域、提供服務內容及對員工的資格要求、基礎設施、預計營運資本等。以完善的家族辦公室為例，內部組織包含以下相關部門：

● 法律籌劃部其下有主持律師、法律顧問等；

● 稅務籌劃部其下有稅務規劃專家、會計師等；

● 財富管理中心其下可能有投資經理、信託經理、私人銀行服務團隊等；

- 綜合業務部其下可能有移民規劃專家、公益慈善規劃專家、健康醫療規劃專家等；

- 客戶服務部其下可能有禮賓服務團隊、檔案管理室、資訊技術室等。

不過，實際的組織架構、服務內容及營運仍然必須視家族需求及規劃而定，像是有些家族辦公室並非自雇員工提供服務，而是將服務外包以節省成本。

## 家族辦公室的使用時機與考量——深獲高淨值家族喜愛的傳承工具

承前所述可知，家族辦公室本旨在於服務家族成員，為家族成員謀求未來家族企業營運與個人發展的各種可能性。不過，無論是建立自己的家族辦公室，或是使用外部家族辦公室機構提供的服務，通常都得支付相當高昂的費用。基於此特點，淨資產價值高的家族比較偏好使用這項傳承工具。

此外，因為我國目前尚無嚴格意義上的家族辦公室，也不是所有國家都提供相當於家族辦公室的服務機構，因此可以留意家族資產所在地，或家族希望放置資產的國家是否有提供此項服務。

資料來源／參考文獻

1. 財政部網站，https://www.mof.gov.tw/houseandland/multiplehtml/de144e74630c4ac59f2d8 4a068c889c9（最後瀏覽日期：08/13/2024）。

2. 財政部網站，https://www.ntbk.gov.tw/singlehtml/8edee6a2f90d4254a5e8d38c1db38137?c ntId=42e43f3bf8964b698746cf37b8775c21（最後瀏覽日期：08/13/2024）。

3. 財政部網站，https://www.etax.nat.gov.tw/etwmain/tax-info/understanding/tax-q-and-a/national/profit-seeking-enterprise-income-tax/undistributed-surplus-earnings/OVWpYo3（最後瀏覽日期：08/13/2024）。

4. 中華民國信託業商業同業公會網站，https://www.trust.org.tw/tw/info/related-introduction/0（最後瀏覽日期：08/13/2024）。

5. 中華民國信託業商業同業公會網站，https://www.trust.org.tw/tw/info/related-introduction/1（最後瀏覽日期：08/13/2024）。

6. 范瑞華、洪凱倫、李仲昀（2018），信託業辦理家族信託業務替客戶規劃家族憲章及家族辦公室之相關問題研究，「中華民國信託業商業同業公會」委外研究報告（未出版），臺北。

7. 臺灣金融研訓院（編）（2023），《家族信託的7堂課》，初版1刷，臺灣金融研訓院。

「山不是滿足野心的競技場，而是磨礪信仰的殿堂。」

——阿納托利·波克里夫，登山家

"Mountains are not Stadiums where I satisfy my ambition to achieve, they
are the cathedrals where I practice my religion."
— Anatoli Boukreev

第 2 章

# 企業主、家族主事者的傳承思維

本章重點：

- 從企業主或第一代家族成員的角度出發，依據子女的接班意願來設計接班計畫

- 如果想延攬專業經理人加入家族企業，企業主應該如何善用其專業與輔助功能

- 在接班人選尚未成熟時，企業主如何啟動階段性的接班工作

- 遇到繼承與接班紛爭時，企業主或第一代家族成員如何透過傳承規劃來促進家族和諧

# 傳承子女的安排──
# 反目鬩牆是宿命？

在古代，常見皇子為了博得皇帝青睞以爭取王位繼承，無不使出渾身解數，甚至不惜兄弟之間互相殘殺。但是，也有些皇子毫不戀棧權位，只求平安富貴過一生。然而，造化弄人，有時候皇帝偏偏屬意將王位傳予這些與世無爭的皇子，無端將其捲入王位爭奪戰中，最後兩敗俱傷，落得「雙輸」的下場。

時至今日，類似情況仍不斷上演。現代社會也不乏企業主未能即早確認下一代家族成員的接班意願及啟動接班計畫，以致於企業主驟逝時，群龍無首而發生經營權糾紛。又或者，企業主雖然有提前安排接班，但是因為安排未盡周全，仍然造成鬩牆對立的遺憾，例如：轟動一時的亞洲化學經營權案等。

由此可知，企業主除了有即早規劃傳承的必要，在規劃時也應該充分理解自己預設的接班人有無接班意願，以及應該如何在不干

涉企業營運的前提下，保障無接班意願者和非內定接班者享有企業的獲利分潤。此時，周全布局及法律配套就是很好的傳承工具，可以避免手足反目的局面，確保家族企業順利傳承及永續經營。

## 企業主如何順利傳承家族企業給有意願接班的子女？

2022年，臺灣中小企業家數超過163萬家，占全體企業達98%以上，創歷年新高[1]，其中又以家族企業為大宗，這些家族企業中，白手起家、辛苦大半輩子的企業主，有些仍然在企業中奉獻一己之力、思考未來營運走向，有些或許已經開始思考企業傳承的問題。

「傳承」二字，除了必須考量接班人與企業之間是否契合以外，最難解的問題往往發生在家人與家人之間。如何在傳承之餘，維持家族和諧、確保接班子女順利接班、非接班子女仍有經濟上的保障等，在在需要仔細思量，以下將提出各類可能發生的問題及可以思考的解決方向。

在現實中，企業傳承可能發生四種情形：

● 企業主有意願交班，子女也有意願接班；

● 企業主有意願交班，但是子女無意願接班；

- 企業主無意願交班（或無具體交班計畫），但是子女有意願接班；

- 企業主無意願交班（或無具體交班計畫），而且子女也無意願接班。


以下先就雙方均有意願的情形，即第一點「企業主有意願交班，子女也有意願接班」探討可能採取的相關規劃：


## 規劃一、提前學習經營知識與公司運作

假設子女很早就表達有接班意願，企業主可以考慮於子女就學階段，即配合子女志趣，善誘子女選擇有助於未來參與企業經營的院校及系所就讀。另外，企業主也可以考慮於適當時機，盡早讓子女接觸企業經營，例如：於子女就讀大學院校期間，即安排子女以實習等方式，進入企業見習或參與運作，盡早讓子女了解實務運作及市場生態，同時也可以藉此再次確認子女的接班意願。


## 規劃二、利用學徒制來減少日後摩擦

在子女正式進入企業後，為了加速子女掌握企業有關的人事、財務及業務等經營能力，同時降低子女日後與「老臣」相處可能發生的摩擦，企業主可以考慮請各業務單位的資深經理人給予指導，

例如：安排子女於每週特定時間，隨同該名經理人辦理相關業務，藉此機會讓子女即早接觸各業務單位的負責人及外部人脈，除了有助於近距離理解負責人的思維與做事方式，同時也能增加彼此的熟悉程度，減少接班後新舊世代的經營摩擦。

## 規劃三、採取法律行動

　　除了前述接班作業外，企業主最終仍然必須面臨更實際的法律問題，亦即「如何」及「何時」將股權（企業所有權）移轉給子女。實際上，報章雜誌常出現的子女爭權糾紛案，十有八九是企業主「生前」未能預先妥適安排股權分配，以致於繼承發生時，子女為了爭取對自己最有利的分配，進而爆發糾紛。在企業接班過程中，很多時候企業主的顧慮是出於，雖然想將股權移轉給子女，但是往往又擔心股權過早移轉，日後經營上如果理念不同，或是其他因素導致子女轉賣股權，將導致苦心經營而來的經營權最終旁落外人，因此一再猶豫、躊躇不前，但是這種心態卻極有可能發生未及時進行股權分配，就驟然發生子女爭權的局面。

　　針對上述企業主擔心股權提前過戶移轉的問題，或許可以考慮以股權信託的方式解決。先前即有實際案例：一名企業主有兩名子女A、B，企業主規劃讓A接班，卻擔心如果將所有股權贈與給A，對B並不公平，但是如果將部分股權給B，B有可能會將股權轉賣外人，一旦股權外流，日後A的經營權即有可能遭受挑戰，考量上述風險，企業主決定將股權交付銀行信託，子女A、B為信託受益人，

每年可領取股利，也可行使股東權利，惟股權由銀行信託保管，A、B均不能任意處分（參見圖表2-1）。此外，在其他案例中，同樣有信託股權僅在特定條件之下才可以轉讓的約定，例如：僅能出售給指定的家族成員，或是當子女達一定年齡時，先返還部分股權給子女。

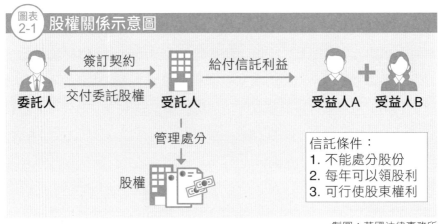

圖表 2-1 股權關係示意圖

委託人　簽訂契約／交付委託股權　受託人　給付信託利益　受益人A ＋ 受益人B

管理處分

股權

信託條件：
1. 不能處分股份
2. 每年可以領股利
3. 可行使股東權利

製圖：萬國法律事務所

又如果企業體較為龐大，則企業主或許需要考慮另一層次問題，即如何事先規劃股權，避免外部勢力介入。以食品大廠泰山公司為例：起初由彰化詹家兄弟創立，在歷經70年後，因股權繼承給第二代及第三代，早已分散四逸，再加上家族內部分合不斷、無法團結對外，以致於內憂外患最終被龍邦集團取得經營權。

反觀汽車工業廠東陽公司，其公司的吳家三兄弟年歲差距雖大，但是對於鞏固家族股權一事，三兄弟均有共識，甚至訂入家族憲章明確規定：家族持股僅能於家族內部轉讓，股權不得外流，藉此避免公司經營權旁落，對於希望保有經營權的家族企業，實為一個積極正面的參考。

## 如何確保有意願承接企業但爭取失利的子女、或無意願承接企業的子女，在不干預營運下享有企業獲利分潤？

　　一般來說，獲取家族企業經營權的子女，因為掌握較多資源及權利，通常能夠穩定獲取企業經營利潤，甚至可以將該等利潤再轉投資獲得更多收益，如果運用得宜，自然不用擔心日後的經濟問題。然而，爭取失利或無意願承接企業的子女，在與企業經營幾乎沒有交集的情況下，無法藉由股權獲取企業營運利潤，往後的經濟條件和際遇可能相對不理想，這結果應非企業主所期待。

　　其實，之所以出現上述利益分配不均的情況，究其原因，可能都是為了避免爭取失利的子女、或起初無意願承接企業的子女，嗣後改變心意而干涉經營，因此並未分配股權給他們。但是實際上，在《公司法》中，有所謂「無表決權特別股」、「複數表決權或否決權特別股」，以及「表決權拘束契約」或「表決權信託契約」等工具可以運用，企業主如果善用這些工具，一方面可以防止接班子

女的經營權再遭干涉，另一方面也可以安心將股權分配給未接班子女，讓他們能夠藉由股權，穩定地獲取企業經營利潤。

## 無表決權特別股、表決權拘束契約和表決權信託契約

所謂「**無表決權特別股**」，即指無法參與股東會決議表決的特別股（不計入已發行股份的總數），換言之，持有該特別股的子女，對股東會議案（包含選舉案）的表決沒有影響力，難以再干涉企業經營，但是於企業獲利時，仍然可以憑藉手中持有的股權數，分得相應的股利。實際案例中，臺灣諸多大、小型企業均有發行這種類型的特別股，美國的威士卡（Visa）公司也設有這種類型的特別股[2]。

另外，亦可考慮由接班子女享有「**複數表決權或否決權特別股**」，此等特別股具有「一股多權」或「對於特定事項具有否決權」等特性，可以讓接班子女在執行企業營運決策上，保有相當的控制力，在一定程度上降低其他子女影響企業經營的風險。實際案例中，美國的臉書（Facebook，後來改名為Meta）公司及可口可樂（Coca-Cola）公司，均設有此種類型的特別股[3]。

接著來討論「**表決權拘束契約**」，這是指2名以上的股東達成約定，在股東會或董事會共同行使表決權，可以針對增資、修改章程等重大事項決議案，又或是選任董監事或經理人的決議案，約定股東都做成一致性的投票。這方式可以讓同為股東的接班子女與非接班子女，約定選任接班子女為董事等。

最後是「**表決權信託契約**」，這是指公司的股東締結信託契約，藉由委託人在形式上將股份所有權移轉予受託人，並由受託人依據信託條款本旨行使股份的表決權[4]。在表決權信託架構下，身為委託人

的股東，形式上失去股東的身分，成為信託股份的受益人，但是仍然享有一定的股東權利。例如：可約定將非接班子女的股權，信託給接班子女，表決權由接班子女依信託條款行使，非接班子女仍然可以享有股利分派請求權或剩餘財產分派的權利。

表決權拘束契約與表決權信託契約最大的不同之處，就是締約的股東是否維持股份形式上的所有權。前者仍然有形式上的所有權，還是名義上的公司股東，只是表決權受到契約拘束；後者的股份所有權則是已經移轉予受託人，只有受託人是公司名義上的股東，表決權也由受託人依據信託本旨行使[5]。

上述各種工具並無絕對優劣，只有適合與否，而且各種工具的設計，均涉及高度專業性，企業主應該採用何種方式、採用後如何執行，建議委請律師或會計師等專業人士充分討論後再設計執行。

# 其他避免家族內鬥的機制

常見的家族內鬥，不外乎因為「財產」分配不均所致，除了上述工具之外，我國《公司法》於2015年增訂的「閉鎖性股份有限公司」，如果運用得宜，亦可作為避免家族內鬥的機制。

光學大廠大立光的創辦人林耀英，在2018年底陸續啟動家族傳承計畫，大立光執行長林恩平透露，家族其他人擁有的大立光股權，依照林耀英的計畫，未來都會移轉至新成立的閉鎖性公司──茂鈺公司名下。

據悉，林耀英的計畫源於《公司法》的「大同條款」（即第173條之1規定），依該條規定，繼續3個月以上持有已發行股份總數過半數股份的股東，得自行召集股東臨時會。此規定對於股權集中、由家族企業主導的上市櫃公司，實有重大影響。因為，通常家族上市櫃公司的股權大部分是由家族成員持有，如果家族成員意見不合，彼此又都持有相當數量的股權，一旦有家族成員與外人結合，極有可能跨越持股五成的門檻，並依前述《公司法》第173條之1召集股東會，尋求改選董監事來顛覆經營權。

閉鎖性公司的最大特點，即在於公司可以限制股東轉讓股份，回到上述大立光的案例，茂鈺公司依法可以限制股東買賣股票，所有股東非經公司同意，不能出售持有的茂鈺公司股權。換言之，林耀英家族成員原則上都會持續是茂鈺公司的股東。林恩平表示，未來茂鈺公司如果領到大立光的股利，會再加碼買進大立光的股票，永續地支持大立光發展（關於閉鎖性公司請參閱第1章 LESSON 5）。

此外，茂鈺公司持有大立光股票的表決權，也會一致用來支持家族認同的政策，形同達到表決權拘束或表決權信託的效果，避免有家族成員私下聯合外人，發動經營權政變[6]。

另一方面，現在愈來愈多臺灣企業選擇將經營權交給專業經理人，尤其在高科技產業，因為產品及市場變化快速，經營上非常需要仰賴專業經理人的判斷。例如：宏碁集團創辦人施振榮，即秉持公司經營著重「傳賢不傳子」。實際上，委託專業經理人經營管理，或許也能一定程度降低家族內鬥的風險，因為企業經營與所有

權分離後，家族成員僅單純藉由股權獲取分潤，不用再為經營糾紛發生衝突。例如：高級跑車廠保時捷（Porsche AG），即曾因家族之間的鬥爭，一度將公司經營管理權交給專業經理人，家族成員改為退居幕後以平息紛爭[7]。

# 傳賢不傳子，
# 家族企業接班的新趨勢

　　南部某家族大家長林董，早年開了一家做鐵網的公司，建設廠房自產自銷，產品銷售各地，近年業務更有逐步擴張的態勢。身為企業第一代，林董育有三子，大兒子為人誠懇務實，但是資質稍嫌駑鈍；二兒子個性大方，有領導天分，但是對於家族事業興趣缺缺；小兒子思緒清晰，但是年紀尚輕仍在求學階段。當然，公司中也不乏跟隨他從年輕一起打拚到老的老幹部，例如：張經理，他在公司草創初期加入，一路上與林董一同奮鬥，對公司業務熟稔、又對林董忠心耿耿。隨著林董年事漸高，近日為了家族企業的傳承安排思量許久，始終想不出最完善的解決之道，因此積極地四處尋求專家意見，想知道如何在確保子女握有公司實權的前提下，保持公司的妥善運作？這個家族面臨的難題應該也是臺灣家族企業與大陸臺商目前最常遇到的典型問題。

傳統臺灣企業主的思維普遍認為，家族企業應由自家人永續經營，父執輩白手起家，在遲暮之際，再將火炬傳遞給下一代兒孫，祖傳數代、百年老店等，都是常聽見的美談，這樣的思維及模式在維繫家族既有利益的前提下，實屬無可厚非，也確實造就許多百年家族企業。

然而，隨著時代演進，公司經營管理的議題日趨複雜，並且隨著臺灣企業規模不斷擴大，公司經營管理者更需要具備專業的管理能力。舉例而言，典型中小企業的經營模式可能單純是由一間臺灣工廠負責生產，再搭配一家公司／店鋪負責接單，然後隨著數十年的累積與擴張，原先接單的公司或生產工廠可能擴展成一間跨國企業。跨國企業的經營模式相較於中小企業，經營門檻更高，而且必須具備更傑出的管理能力，這就是造成下一代接班的阻礙之一。

有鑑於此，近年來企業界興起一波「能者上位，傳賢不傳子」的新趨勢，根據yes123求職網「企業接班交棒與股東會旺季調查」的結果顯示，高達1/3企業經營模式是採取「一人裁定制」，由既有經營者制定接班計畫的比率則達六成六，平均34歲開始栽培；若進一步探討接班計畫，雖有47.3％的企業接班計畫是傳給「創辦人或大股東的後代、親戚、配偶」，也就是「傳子不傳賢」，但是高達52.7％的企業接班計畫，則是打算由專業經理人接棒，也就是所謂「傳賢不傳子」[8]。

無獨有偶，與上述相同的企業接班趨勢在東亞其他國家也逐漸浮現，例如：日本豐田汽車公司（Toyota）執行長豐田章男退位前，決

定將社長與執行長職位，交棒給旗下凌志汽車（Lexus）總裁佐藤恆治，而非自己兒子豐田大輔。豐田章男認為，企業由盛轉衰共有5個階段（成功帶來傲慢；沒有紀律的擴張路線；否認風險和問題；追求一招逆轉；屈服於競爭者轉為平庸企業至消亡），而豐田汽車現在正處於第3階段。為了因應電動車帶來的產業革命，豐田自認為不適合再繼續擔任社長，「豐田目前最大的經營危機，就是讓我繼續擔任社長。」至於兒子未能繼承社長職位，豐田章男解釋了家族傳授企業經營的思維。豐田創辦人豐田喜一郎，也是豐田章男的爺爺，教誨孫子時曾經說過：「現在整個豐田，沒有人想當你的部下。」於是，豐田章男便從基層出發，先是擔任銷售社員，歷經25年磨練後才接掌社長一職。

## 傳賢或傳子的三種考量因素

企業接班路線的選擇問題，應從三方面考量：（一）二代的接班意願；（二）接班能力；（三）無形資源「人身依附」的程度。

**就接班意願方面**，不少二代有自己的創見，不願意長期屈就在父母或是家族企業的庇蔭之下，故選擇至其他行業發展，甚至發展早已小有所成，此時強迫二代放棄自身累積的心血回頭接班，猶如緣木求魚，還會因此造成家庭不和睦。在此情況下，傳賢即為企業接班較合理的選擇。

**就接班能力而言**，企業經營需要的能力面向廣泛，從對產業

的理解、公司治理的能力，甚至是業界的人脈等，都是需要考量的環節。更進一步地說，企業規模愈大，對於能力的要求勢必也會提升，如果接班人因社會歷練與能力不足，一上任就得達成高額的業績目標，或承擔組織轉型等重責大任，也有揠苗助長的疑慮。因此，在二代還無法承擔重任之前，傳賢也是企業接班合理的考量，而且更能確保第一代的創業心血，不至於因家族二代欠缺經營能力或錯誤決策而付諸東流。

臺灣董事學會發起人蔡鴻青分析，以行業別的變動性和成長性來解釋，金融業因管制規範多，公司運作相較其他行業穩定，由下一代來接班的困難度不高。同樣地，傳產業也有類似情形，例如：製造業、食品業等，其產品、技術、市場大多成熟，產業整體的變動性不大，因此如果直接交由下一代接班，理論上也不困難。至於科技業，蔡鴻青表示，因為產業變動性最快，第一代的創業技術下一代不一定全盤了解，同樣地，下一代的技術創新想法，第一代也不一定懂，就像網路公司幾乎沒有人在談接班問題一樣，「（下一代）有些人可以接，有些人不能接，這時候專業經理人就很重要了。」

**從人身依附的特性來解釋**，部分企業或是行業的品牌形象，除了產品本身，掌舵者的個人魅力與特色也是重要的一環。個人色彩鮮明的領導者，也是商品的活招牌，諸如當朋友提及鴻海，您自然就會想到郭台銘；提及台積電，大眾腦海中就會浮現張忠謀，即便這些大老闆有的早已卸任董事長、有人退休，但是他們的個人形象還是與企業緊緊綁在一起，很難完全脫鉤。同樣地，他們的一言一

行不只會改變公司的走向，也會影響到整個產業的未來趨勢。其他像是個人品牌服飾、珠寶，甚至食品業也有相同的狀況，儘管商品本身的同質性高，但是透過企業主個人特色，使得消費者因認同而購買。總結來說，如果公司的人身依附特性強，傳子似乎是比較容易延續消費者認同的做法，可以降低接班帶來的衝擊。

## 傳賢不傳子方式──「洛克菲勒」模式，落實經營權、所有權完全分離制

所謂企業經營與所有權分離的傳承模式，簡單來說，就是讓二代掌有公司股權，但是不負責公司的營運，另外委由專業經理人擔任公司的經營舵手。這種家族傳承模式最成功且最著名的案例，不外乎是美國的洛克菲勒家族。

美國歷史上第一位億萬富豪約翰・戴維森・洛克菲勒（John Davison Rockefeller），將其發家致富的「記帳本」理財法傳授給子女，然而使其家族傳承至第七代仍富可敵國、成功打破中國人常說「富不過三代」魔咒的關鍵，在於洛克菲勒傳賢不傳子，將龐大的石油事業交棒給陪伴他多年的老臣阿奇博德（John D. Archbold），然後將他名下資產全數交由信託運用和管理，而不是他的獨子小約翰・戴維森・洛克菲勒（John Davison Rockefeller, Jr）。

受益人可為多種安排，例如：設立連續受益人信託，這是一種

約定受益人死亡或其他條件成就時，該受益人的受益權消滅，由後順位的他人取得受益權的信託模式。連續受益人信託常使用於家族信託，例如：國外常見的「王朝信託」（dynasty trust）即是透過連續受益人信託的架構設計，達到家族持續傳承之目的。

具體而言，例如：約定方式為設立信託的第一代企業主，先以自己為第一順位受益人，以其第二代為第二順位受益人，第三代為第三順位受益人等，延續數代至尚未存在的後代，並約定於第一代企業主死亡後，第二代即取得受益權，第二代死亡後，由第三代取得受益權，以此類推，以達到信託利益被歷代家族成員享有的目的。我國現行法目前並未明文禁止設立連續受益人信託，所以應得辦理此種信託模式，但是為了避免信託業者因此等不確定性或執行上無明確規範可循等而拒絕規劃，可先以兩代為規劃，並以已在世的後代為後順位的受益人。

由於企業主對於辦理家族信託的需求未必相同，圖表2-2顯示了我國信託公會建置四種複雜程度不一的家族信託模式。

圖表2-2中信託架構的做法，是原本作為公司經營主角的第一代企業主，先將股票信託或是股權移轉至閉鎖性公司，再由閉鎖性公司將股票信託，使得家族第二代無法直接處分公司股權，達到確保股權集中於家族第二代手上的目的，然後另外選任專業經理人做經營決策，搭配投資委員會或專業顧問團隊等建置來提供投資建議。當然，家族第二代也可以間接參與投資建議團隊，在適度參與公司經營下，不須承擔第一線經營的責任。

## 圖表 2-2 臺灣家族 4 種信託模式

| 模式類型 | 適用企業 | 委託人 | 受益人 | 運作架構 |
|---|---|---|---|---|
| 簡易模式 | 企業單次跨世代傳承，公司規模較小，財產數額較小 | 企業主 | 企業主及指定繼承人 | 以企業主持有的家族公司股票成立股權信託 |
| 普通模式 | 企業跨世代傳承，公司規模中等，未涉及家族治理及家族辦公室 | 閉鎖性公司 | 閉鎖性公司 | 一.企業主出資設立閉鎖性公司，將所持有的家族公司股票交付信託業，設立家族信託管理家族公司<br>二.信託業依閉鎖性公司的指示，執行家族資產、家族公司相關的經營管理事項；企業主可於閉鎖性公司建置投資委員會、分配委員會輔佐閉鎖性公司內部決策及運作事宜 |
| 複雜模式 | 企業跨世代傳承，公司規模大，交付信託金額高，但是未涉及家族辦公室 | 閉鎖性公司 | 閉鎖性公司 | 延伸普通模式，由金融機構協助委託人規劃家族治理，例如：制定家族憲章、建立家族大會、家族理事會等 |
| 完整模式 | 公司規模大，涉及金額高，設有家族辦公室 | 閉鎖性公司 | 閉鎖性公司 | 延伸複雜模式，再建置家族辦公室，由財務顧問、律師、註冊會計師、投資經理人等專業顧問組成的團隊，負責向家族成員提供諮詢服務 |

製表：萬國法律事務所

# ✐ 「階段性任務」型接班模式

這種接班模式為傳賢或傳子路徑提供一種折衷選擇，例如：企業主認為未來勢必要傳子，但是卻擔心現階段預定接班人尚未成熟，此時就可以選擇階段式的交棒安排，先將公司董總等核心營運的實質管理權，交由資深或管理經驗豐富的高階經理人，同時由他們來啟發與指導未來接班人，將高階經理人每天接觸到的一切人事物，都以個案教學方式傳授給未來接班人，使其快速累積經驗、增長能力。這類過渡期的專業領導人（即高階經理人），其性質不屬於「接班人」，只是「暫時的職務代理人」。事實上，如果家族中尚有其他潛在的接班人選仍然處於觀察評估階段，也可以採取此做法。

老臣杯葛新主雖然是常見的接班困局，不過善用老臣成為溝通橋樑的情況也大有所在。就有二代每當有重大決策須經父親允許，之前必先與老臣（例如：經理人）詳談，將其調整成創辦人能理解或能接受的方式。此舉讓老臣感覺受到未來接班人的重視，士氣也因此提高。

又或者，企業內部組織問題太多，需大刀闊斧進行改革，此時可以外聘有經驗又無包袱的專業經理人負責整頓或建立新制度，待改革整頓後，再由接班人正式接手。上述幾種方式皆能夠有效降低二代在接班後所面對的挑戰。

臺灣最大螺絲起子大廠義成，在2012年由第三代林柏樺經營

時，公司年營收長年停滯，過往歐美客戶接二連三被中國同業搶走，讓他不得不大刀闊斧、重整旗鼓。然而，接班後的前六年，改革卻處處碰壁，老臣安於現狀的心態致使他們提拔的新秀廠長在公司內成群結黨、狐假虎威，分化公司的向心力。起初林柏樺非常沮喪，之後在友人的建議下，決定聘請外部的專業經理人來執行公司改革，所幸這項提議有父親的大力支持，儘管老臣依舊抗爭，最終還是成功挺過這段最困難的時期。

如果家族第二代不願意接班，卻想使用公司財富資源來協助自己創業，第一代企業主在培養專業經理人接班及分配財富資源等議題時，可以要求第二代至少需要接任董事席次，承接未來監理企業經營的角色。屆時，第二代必須協助評估、拔擢業務或財務主管作為接班的專業經理人，並且與第一代討論和溝通績效的評估方式。如此一來，就算第二代階段性不參與公司經營權方向，透過董事訓練課程能夠讓第二代先了解企業經營的責任風險，以及有效的監理之道，例如：建立定期彙報制度、設立特助或稽核人員等，亦可運用家族控股公司或企業資源支應二代創業的規劃，架構好利益迴避機制來應對投資人的疑慮。


## 專業經理人的配套做法—— 以公司 章程約定經理人的報酬及解任事由

為了避免企業主脫離經營管理核心後，擁有股權的第二代與

握有經營權的老臣發生權力鬥爭，可以在公司章程中先行安排，例如：公司確定以委任方式聘任經理人時，為了避免日後有關續聘、績效標準等見解不一的情況發生，在章程中必須將經理人職務的條件明確地訂定：

一、約定一定服務期間，以明確的績效等為依據，設計可以提前終止及續任的條件；

二、經理人在職期間禁止兼職的規定，以及離職後的競業條款；

三、公司應依據經營管理制度，例如：採取董事長制或總經理制，設計經理人的職務範圍，明確約定經理人與董事長的職權分配，才能降低合作期間職權不明的情況。

最後，還是再次強調，給予股份這件事要特別謹慎，尤其是創業家一開始就給出了「免稀釋股份」的情況屢見不鮮，這做法不但對公司的經營權影響甚大，還會加重創業家的負擔（即公司因增資而導致持股經理人的股份被稀釋的差額，必須由創業家來補足），請特別留意。

如果企業主決定以發放股份方式作為經理人報酬或獎勵，就必須考量經理人服務期間，甚至離職時的配套處理方式，例如：分階

段提供股份、限制股份轉讓或是股份買回條款等。否則在家族成員和經理人信任關係破滅、持股又沒有規範的情況下，離職的經理人可能藉由行使股東權等方式干擾公司運行。

我們現在回來討論本章開頭的林董案例。家族大家長林董如果察覺第二代沒有適合的人選足堪重任，或第二代沒有意願接班，可以選擇傳賢。此時，他可以用信託搭配閉鎖性公司的方式，讓第二代掌有公司股權，但是不能任意處分，以確保家族可以穩固地控制公司經營權。然後，選任公司合適的經營人選時，例如：由老臣張經理繼任為公司董事長，就要在章程中明定其報酬和解任等條件。

如果林董的二代願意接班，但是現階段接班人歷練尚淺，則可以採用階段性接班模式，先由張經理擔任董事長若干年，期間安排第二代擔任公司董事，觀摩張經理實際經營公司之道，藉由參與公司董事會了解公司業務運作及相關營運風險，當第二代逐漸熟悉公司經營之道後，再扶植第二代上位成為公司的董事長或總經理，讓公司能順利傳承予第二代。

# 家族的界線 ——
# 促進和諧與預防紛爭的
# 平衡之道

　　本節內容涉及「其他家族成員」，包括企業主的姻親與子女的配偶、企業主的非婚生子女，以及企業主不具婚姻關係的伴侶。

　　實務觀察下來，企業主將企業交班予「其他家族成員」，亦不少見。最常見的傳承方式，是由企業主交班予子女的配偶，例如：女婿或媳婦，但是如果企業主認為其他姻親、非婚生子女，或是企業主自己不具婚姻關係的伴侶是經營公司、值得託付家業的人才，甚至有意要照顧其未來生活，企業主更需要提早規劃交班一事。

　　原因在於，這些其他家族成員在法律上有一個共同特徵：他們不是企業主的法定繼承人。企業主一旦過世，他們並不會依法理所當然地從企業主那裡繼承到財產，因此企業主如果有將企業交棒給這些人的打算，或者想要照顧這些人未來的生活，就必須在生前積極地安排。同時，這些人除了可能在企業內部與企業主或企業內專

業經理人有職場關係之外，更與企業主存有基於婚姻或共同生活等身分關係，使企業主在做決策時，多了親情倫理上的考量，在某些情況也開啟建立法定繼承關係的可能性，導致企業主必須選擇更多的法律工具進行傳承安排。

# 如何建立法定繼承關係？

因為其他家族成員與企業主之間沒有法定繼承關係，在沒有事先規劃的情況下，一旦企業主過世，其他家族成員並不會繼承到企業主的財產。因此，在此首先說明其他家族成員是否、以及如何與企業主建立法定繼承關係，取得繼承人的地位。

成為繼承人的優點，在於能與家族成員一樣享有法律保障中應繼分及特留分的利益，但是本節所介紹的利益，不是每一種都可以與企業主建立法定繼承關係。此外，法定繼承關係的建立固然可以使家族其他成員取得繼承人地位，但是透過贈與、遺囑的安排也同樣能夠達到傳承財產的效果。以下說明不具婚姻關係的伴侶、非婚生子女、姻親這三種關係：

## 不具婚姻關係的伴侶

就與企業主不具婚姻關係的伴侶而言，其與企業主之間雖無夫

妻名分，但是可能長伴企業主左右，照顧企業主生活起居，甚至協助管理企業事務。如果伴侶為了確保自身權利，最直觀的方式，就是讓該伴侶變成企業主的配偶。換言之，如果能與企業主結婚，成為企業主法律上的配偶，當企業主百年之後，伴侶可以基於配偶的身分而享有法律所保障的應繼分及特留分。

但是，現實生活中可能因企業主與原配偶所生的子女反對等種種現實因素，企業主與該伴侶直到企業主過世，兩人還無法結婚，這樣的情況並不少見。如此一來，企業主就必須改以其他方式規劃財產，例如：逕行將財產透過贈與，或是在遺囑中以遺贈的方式傳給這位伴侶。


## 非婚生子女

企業主的非婚生子女，大多是指企業主外遇所生，或是與不具婚姻關係的伴侶所生，企業主在其成年後，可能為了照顧他們的生活而在企業中安排職位，因其表現良好而使企業主萌生要他接班的打算；也有可能不在企業工作，但企業主仍有意願將財產傳承給他。不論傳承原因為何，因為他們是非婚生子女，為了保障其權利，最直觀的方式，就是在法律上將他們變成與婚生子女具有相同地位，最常見的手段是「認領」及「準正」。

所謂的認領或準正，是指企業主不但要在習俗上讓非婚生子女認祖歸宗，還要在法律上使非婚生子女被當成企業主的婚生子女看

待。這裡要特別說明的是，只有男性的企業主才需要認領或準正非婚生子女，女性企業主的非婚生子女，依《民法》第1065條第2項規定：「非婚生子女與其生母之關係，視為婚生子女，無須認領。」法律已將其視為婚生子女，不須再認領。認領及準正可分為以下兩種態樣：

**一、準正**：依《民法》第1064條規定，非婚生子女，其生父與生母結婚者，視為婚生子女。如果企業主先有一名非婚生子女，後來與這名非婚生子女的生母結婚，則這名非婚生子女在法律上就被當做是婚生子女。

**二、認領**：分兩種情形，第一種情形是依《民法》第1065條第1項前段規定，非婚生子女經生父認領者，視為婚生子女，這裡「認領」是指生父「對於非婚生子女承認並領為自己子女」[9]；又《戶籍法》第7條規定，認領應為「**認領登記**」，這雖然不是認領發生效力的要件，但是屬於生父曾經認領的有力證據。[10]另一種情形是依《民法》第1065條第1項後段規定，非婚生子女經生父撫育者，視為認領。生父對非婚生子女如果有撫育的事實，法律上也將這名非婚生子女當做婚生子女。

## 姻親

就企業主的姻親而言，企業主可以透過收養的方式，將該姻親

變成養子女，但是必須注意以下兩項限制：

第一、具有一定親屬關係的姻親，不得收養：《民法》第1073條之1第2款規定直系姻親不得收養，例如：不得收養子女的配偶。所以，企業主如果要像社會上常見的，將企業或財產傳承給媳婦或女婿，不須、也不應該考慮收養的方式。但是這裡有個例外，夫妻一方可以收養另一方的子女，例如：配偶在前一段婚姻所生的子女可以收養。另外，《民法》第1073條之1第3款規定，旁系姻親在五親等以內，輩分不相當者，也不可以收養。

第二、年齡的限制：依《民法》第1073條規定，收養者必須比被收養者大20歲以上，如果是夫妻一方收養他方子女的情形，則收養者必須比被收養者大16歲以上。

## 傳承財產的安排方式

　　儘管企業主可以透過與不具婚姻關係的伴侶、非婚生子女、姻親等家族其他成員建立法定繼承關係，使這些家族成員將來成為企業主的繼承人，但是礙於法律上繼承必須依法定應繼分的比例來分配，而且必須在企業主百年之後才會取得所繼承的財產，因此企業主如果想特別規劃與分配遺產比例，或是要讓其他家族成員提前取得財產，就需要採取比正常法律繼承程序更積極的作為。

## 積極規劃需要考量哪些因素？

　　企業主積極規劃繼承相關事務時，可以善用《民法》對遺產及贈與的規定，讓遺產的分配達到價值最大化，更積極地幫助子女，或達成企業主的特定目的，其中主要考量的因素包括：


　　一、何時讓家族其他成員取得財產？

　　二、企業主希望對自己要傳承的財產保有多少掌控？


　　這些考量因素在家族其他成員關係發生變化時，有其重要性。舉例而言，假設某位企業主相當看重自家女婿，認為他是將來接掌公司的適合人選，進而陸續將自己持有的公司股份贈與給女婿，但是日後女婿卻與企業主的女兒感情生變而離婚，這時企業主是否還希望公司將來由女婿接班？再者，企業主已經贈與的股份是否考慮請求女婿返還？這些都是企業主要思考的問題。以下，將針對企業界常見的積極規劃類型進行說明：


## 贈與

　　企業首要考量的，是他希望家族其他成員在什麼時候拿到他傳承的財產。如果企業主想要家族其他成員在自己生前就拿到，最常採用的方式就是贈與，直接將財產，例如：股份或土地，移轉給該

家族其他成員。但是在移轉的同時，企業主也失去對這項財產的控制。就這部分，企業主可以考慮幾種法律上的工具索回贈與的財產。

第一種是採用《民法》第412條的「附負擔贈與」（關於附負擔贈與請參閱第1章LESSON 2），如果受贈人或家族其他成員沒有履行約定的負擔，企業主身為贈與人，可以撤銷贈與，將贈與出去的財產索回，例如：贈與房地時，可以約定受贈人要以特定方式使用房地。但是必須注意，身分行為不能成為贈與的負擔，例如：企業主贈與不具備婚姻關係的伴侶現金、禮物，然後約定雙方須為男女朋友的關係，否則撤銷贈與，有法院判決認為這樣的負擔約定是無效的。[11]

第二種是當法定的撤銷贈與事由發生時，企業主也可以撤銷贈與，撤銷贈與是依《民法》第416條的規定，包括：受贈人對贈與人、其配偶、直系血親、三親等內旁系血親或二親等內的姻親，有故意侵害的行為，而且這侵害行為是刑法所處罰者，例如：毆打。換言之，如果企業主贈與土地給非婚生子女，而這名非婚生子女對企業主的婚生子女有故意的傷害行為，企業主可以撤銷贈與。

但是所謂的撤銷贈與後將財產「要回來」，仍然應以訴訟的方式為之，而且如果該財產已轉手，由善意的第三人取得，則企業主要將送出去的財產「要回來」就相當地困難。在贈與的情況下，企業主對於已贈與財產的掌控力仍然有限。

## 遺囑

如果企業主要讓家族其他成員在自己過世後才取得財產，就要善用遺囑這項工具。企業主可以在遺囑裡安排他的財產，對繼承人的部分（通常為婚生子女），原則上依據繼承人應繼分來分配，對非繼承人的部分，則以遺贈方式執行。

但要特別注意的是，《民法》對於繼承人有特留分的保障。不論是在遺囑中進行應繼分的指定，或是進行遺贈，都不能侵害繼承人的特留分。所以，當企業主立下遺囑，將全部財產留給某位婚生子女或遺贈給某位親友，其他在遺囑裡面沒分到財產的子女仍然得以依《民法》第1225條規定，行使扣減權而享有特留分的利益。

例如：臺灣高等法院曾有判決認定，如果以遺囑所定的遺產分割方法，將遺產中最具價值之土地全由一部分的繼承人即上訴人繼承，將造成另一部分繼承人即被上訴人的特留分應得數不足，故在該案中，被上訴人在其特留分的範圍內，得依《民法》第1225條規定行使扣減權，法院依此判決上訴人仍然得以取得該土地，但是應補償被上訴人。[12]

資料來源／參考文獻

1. 經濟部新聞網站，https://www.moea.gov.tw/MNS/populace/news/News. aspx?kind=1&menu_id=40&news_id=112750（最後瀏覽日期：02/19/2024）。
2. 朱德芳（2018），〈雙層股權結構之分析—以上市櫃公司為核心〉，《月旦法學》，274期，頁166。
3. 朱德芳（2018），〈雙層股權結構之分析—以上市櫃公司為核心〉，《月旦法學》，274期，頁166。
4. 劉連煜（2019），《現代公司法》增訂第十四版，頁210，新學林。
5. 劉連煜（2019），《現代公司法》增訂第十四版，頁211，新學林。
6. 鉅亨網新聞中心（2019），〈大立光林耀英 靠閉鎖公司防接班內鬥〉，https://news. cnyes.com/news/id/4291002（最後瀏覽日期：02/19/2024）。
7. 風傳媒新聞（2021），〈股權平分就是傳承？錯！保時捷家族內鬥可為借鑑，分家千萬不能這樣處理〉，https://www.storm.mg/article/3636961?mode=whole（最後瀏覽日期：02/19/2024）。
8. 信傳媒（2021），〈誰是接班人？臺灣多數企業想「傳子」但又沒計畫，https://www. cmmedia.com.tw/home/articles/1796#:~:text=%E5%8F%B0%E7%81%A3%E4%BC%81%E6%A5%AD%E5%AE%B6%E5%A4%9A%E6%83%B3%E5%82%B3%E5%AD%90%EF%BC%8C%E5%AE%8F%E7%A2%81%E5%85%B8%E7%AF%84%E4%B9%9F%E5%A2%9E%E6%B7%BB%E8%AE%8A%E6%95%B8&text=%E5%BD%8D%E5%A4%96%E7%95%8C%E4%BE%86%E8%AA%AA%EF%BC%8C%E6%96%BD%E5%AE%A3%E8%BC%9D%EF%BC%8C%E8%A2%AB%E8%82%A1%E6%9D%B1%E6%89%80%E5%8F%8D%E5%BD%8D%E4%BA%86%E3%80%82（最後瀏覽日期：02/19/2024）。
9. 最高法院111年度台簡抗字第163號裁定。
10. 陳棋炎、黃宗樂、郭振恭（2017），《民法親屬新論》，修訂13版，頁290。
11. 最高法院95年度台上字第1437號判決、臺灣高等法院112年度上易字第265號判決。
12. 臺灣高等法院110年度家上字第179號判決。

「樹之美，展現於繁枝，而樹之力，深植於土根。」
——馬蕭納·迪利歐，加拿大詩人企業家

"A tree's beauty lies in its branches, but its strength lies in its roots."
— Matshona Dhliwayo

第3章

下一代家族成員的
接班關鍵

本章重點：

- 有意願接班的下一代家族成員，應該關注哪些學習課題，以取得先機

- 家族企業採用專業經理人制的話，家族後代應該如何與其合作，避免紛爭

- 沒有接班意願的下一代家族成員，應該如何保障自己日後的權益

- 家族資源與企業的智慧財產權應該如何規劃，才可以讓家族後代善加利用

# 家族企業成員有意願接手家族事業時的注意事項

　　關於下一代家族成員的定義，一般是依據《民法》第1138條第1款規定，以家族主事者的直系血親卑親屬及其配偶，作為家族主事者的下一代家族成員。本章將說明下一代家族成員繼承家業時，常遇到的四種經營情況，包括：（一）家族企業成員有意願接手家業時的注意事項；（二）家族企業成員無意願接手家業時，如何面對及處理家族事務；（三）家族資源的分配方式；（四）遺產分配爭議等。

　　以「乖乖」、「孔雀餅乾」、「007口香糖」等零食打開知名度的乖乖股份有限公司（下稱乖乖公司），創辦人廖金港在1993年指派長子廖清輝負責中國投資業務，並於天津設廠，此後乖乖公司的中國投資業務持續成長，更在2000年成為乖乖公司收益占比的重心。然而，後來卻因為擴張太快而在2004年出現鉅額虧損，臺灣母

公司差點受牽連，廖清輝因此引咎辭職，完全退出乖乖公司，未再介入乖乖公司的營運，由創辦人廖金港及次子廖明輝接手共同經營乖乖公司[1]。

　　廖金港在2013年以高齡91歲過世，次子廖明輝正式接班，並在2015年找來乖乖公司創辦以來首位專業經理人趙明來掌管經營。趙明大刀闊斧，為乖乖公司開闢新財源，積極與各地農會等通路合作，推出限定口味乖乖，甚至搭上IT熱潮，與臺灣積體電路股份有限公司合作「台積電限定版」乖乖，成功引起話題。但是，乖乖公司內部員工多為家族成員，內部改革阻力重重，經過兩年的奮鬥，趙明最終於2018年8月黯然下台[2]。

　　改革受阻的原因據報章媒體刊載，長子廖清輝及家族成員不滿次子廖明輝，在2017年將手上25％股權轉讓給非家族成員張貴富，甚至張貴富在2018年投入金門縣議員選戰時，對外宣稱自己為乖乖總裁，名片上還印著乖乖商標。乖乖公司第二代家族成員對於公司經營方向產生嚴重歧異，因而引發經營權爭奪紛爭[3]。2018年早已退出乖乖公司經營10餘年的創辦人長子廖清輝，集結家族成員，自行召集股東臨時會改選董監，以55％過半股權，拿下二董一監，取代弟弟廖明輝當上董座，弟弟廖明輝和外部大股東張貴富只拿下一董。[4]這次紛爭寓含了家族企業在經營上常見的議題，包含如何成為合格的接班人等，後文將逐一說明。

# ✎ 如何成為合格的接班人？

有意爭取成為接班人的下一代家族成員，最終目標都是成為家族主事者，掌控董事會來決定家族企業的經營方向與重要人事任命。因此，有意爭取大位的人必須注意：（一）自身是否符合法規上擔任董事、經理人的相關資格；（二）目前家族主事者對於接班人的期待；（三）家族企業文化對接班人的要求；（四）自身相關能力的培養，避免接班時欠缺專業能力，分別說明如下：

## 一、接班人應符合《公司法》上擔任董事、經理人的積極及消極資格[5]

依經濟部商業發展署「公司登記統計」[6]，臺灣的公司於113年6月時，股份有限公司家數為189,698家，有限公司家數為587,614家。

有限公司依《公司法》第108條第1項規定，公司董事應該自有行為能力的股東中選任，就此當選董事的自然人股東得以行使董事職務。另外，如果有限公司的法人股東獲選為董事時，依《公司法》第27條第1項規定，由該法人股東指定自然人代表行使職務；法人股東並得依《公司法》第27條第2項規定，由其代表人當選為董事或監察人，代表人有數人時，可以分別當選，但是不得同時當選或擔任董事及監察人。經濟部87年9月29日經商字第87223431號函釋

並指明，上述法人董事或法人代表董事的運作情形不同，法人股東就同一職務僅得以擇一行使權利。

如果是股份有限公司，依《公司法》第192條第1項規定，公司董事由股東會就有行為能力人選任，不限定必須具備股東身分。但是，依《公司法》第192條第3項及《證券交易法》第26條第1項規定，公開發行股票公司選任的董事，全體董事合計持股應符合一定比例。

另外，依《公司法》第30條規定，公司經理人不得有相關犯罪紀錄、破產宣告或經法院裁定開始清算程序而尚未復權、使用票據經拒絕往來尚未期滿、無行為能力或限制行為能力，以及受輔助宣告尚未撤銷等情況。此法也適用於有限公司及股份有限公司擔任董事和監察人職務時，亦即具備上述消極資格者無法擔任董事或監察人。

因此，有意爭取成為接班人的下一代家族成員，應該注意自身條件是否符合上述《公司法》對於擔任董事、經理人的相關資格限制，否則無法參與家族企業經營。


## 二、接班人應注意家族憲章等家族傳承規定

有意爭取成為接班人的下一代家族成員，除了要注意上述法規對於擔任董事、經理人的相關資格限制之外，也應該注意家族主事者對於培養及選任接班人的相關傳承規定。

換句話說，家族主事者在規劃家族傳承接班時，並非僅是將家

族企業股權轉移給接班人及下一代家族成員，而是希望包括家族價值觀、企業文化等在內的家族企業精神，一起傳承與保留給下一代。為此，家族主事者訂有相關家族治理架構，例如：透過制定家族憲章來明確傳達傳承接班的事項[7]。因此，有意爭取成為接班人的家族成員，應該深入了解家族主事者就家族傳承接班的相關規劃。

依據報章刊載，電腦品牌廠宏碁集團創辦人施振榮受訪時曾表示，他對家族傳承的規劃，除了企業股權等所有權的傳承，還包括公司經營理念及價值觀傳承。施振榮為了達成上述目標，經常藉由家族旅遊的機會，與家族成員充分溝通，訂立家族準則，所有成年的家族成員都要簽署，施振榮的長子施宣輝受訪時也表示，自己會接續父親的模式辦理家族傳承[8]。

因此，在愈來愈多家族企業定有家族憲章的情況下，下一代家族成員如果有意願成為家族企業接班人，應該參考所屬家族憲章記載的家族價值觀、接班人培養計畫等規定，往合格接班人的路徑前進。


## 三、接班人以提高家族企業持股等方式來鞏固經營權

儘管主事者大多經由家族憲章或家族準則等方式培養及選任接班人，但是仍然有可能遭遇其他家族成員，以不透過家族內部治理機制來處理交班一事，反而直接以公司治理角度來爭奪公司經營權。

為了預防這種情況，家族企業的接班人得以增加公司派或支持者持股、徵求委託書、依法排除市場派股東股份表決權數等方式，

鞏固經營權[9]。

　　儘管家族企業的接班人可以透過提高持股等方式來鞏固經營權，防範其他第二代家族成員奪取接班大位，然而如果無法善加利用家族治理機制建立的溝通平台，用不符合傳承規劃的方式處理家族成員之間的經營權糾紛，也可能對家族企業造成重大影響，甚至影響股東及其他利害關係人的權益。這正是家族企業傳承還包含家族價值觀、企業精神傳承的原因所在，家族成員之間如果對於家族價值具有認同感、以家族為榮，將有助於家族治理機制的運作及家族合諧，避免家族紛爭影響家族企業的運作[10]。簡而言之，好的家族治理會成就好的公司治理，同時避免發生家族財產及企業經營權的糾紛。

## 四、接班人應培養自身能力，以避免未成熟就接班的風險

　　再回到乖乖公司的接班風暴。創辦人廖金港的長子廖清輝接班乖乖公司經營，負責的中國業務雖然一度成為公司營收重心，後來卻因過度擴張而造成鉅額虧損，由此也許可以說明，廖清輝當時在公司營收、成本和利潤控管上的能力可能尚有精進的空間。

　　為了避免未成熟就接班的風險，有意爭取成為接班人的下一代家族成員，必須培養自身具備接班人的相關能力，例如：學習與經營相關的各種財稅、法律等知識，並且在接班之前先在外部企業任職，以證明自己的能力已夠資格擔任接班人[11]。

# 委託專業經理人經營家族企業時，接班人如何確保持有股份的家族成員支持自己選任的專業經理人？

　　有意治理家族企業、爭取成為接班人的下一代家族成員，為了確保家族企業的經營方向，自然必須掌握選任經理人的權限。關於董事會任免經理人的程序，以及有意爭取接班的下一代家族成員如何確保自己選任的經理人獲得其他家族成員支持，有以下幾項做法：

## 一、接班人應依《公司法》規定程序在董事會任免和選任專業經理人

　　依《公司法》第29條第1項規定，公司得依章程規定設置經理人，以比較常見的有限公司及股份有限公司來說，經理人的委任、解任及報酬，有限公司必須有全體股東表決權過半數同意，股份有限公司則由董事會以董事過半數出席、出席董事過半數同意才可以決議。這裡必須注意，有些公司章程的規定比《公司法》更嚴格，此時必須以公司章程為準。當然，前述《公司法》第30條的消極資格在選任經理人時也要注意。

　　因此，有意爭取成為接班人的下一代家族成員，在選任管理家族企業事務的各經理人時，例如：總經理、財務經理等，必須依循《公司法》董事會任免經理人的程序，以及掌控董事會的人事任免

決定權，以確保經理人的選任權。

## 二、接班人可以透過股東協議及成立閉鎖性公司等方式，確保家族成員支持專業經理人

再以乖乖公司接班風暴為例。乖乖公司的接班人廖明輝找來專業經理人趙明戮力經營公司，協助公司拓展新客群、提升公司品牌能見度，卻因乖乖公司內部員工多為家族親友，內部改革阻力重重，廖明輝無法確保家族成員支持專業經理人，使得趙明最終鎩羽而歸，可見有意爭取接班人大位的下一代家族成員，應該掌控股東會議或董事會的人事任免決定權，以確保優秀經理人的選任權。

依《公司法》第175條之1第1項及同條第3項規定等，股東得以書面契約約定共同行使股東表決權的方式，亦得成立股東表決權信託，由受託人以書面信託契約的約定行使股東表決權，但是這方式並不適用於公開發行股票的公司。

最高法院106年度台上字第2329號民事判決明確指出，股東表決權拘束契約的締約目的，不得以不正當手段意圖操控公司，也不得違背公司治理原則及公序良俗。

有鑑於上述法規明定，有意爭取成為接班人的下一代家族成員，如果家族企業屬於閉鎖性股份有限公司、非公開發行股票公司，則可以透過「表決權拘束契約」、「股東會表決權之委託行使」等股東協議，就重大事項決策權、人事權決定等公司控制權，

協議如何委任專業經理人[12]。

此外，《公司法》第356條之1第1項規定：「閉鎖性股份有限公司，指股東人數不超過50人，並於章程定有股份轉讓限制之非公開發行股票公司。」換句話說，家族企業可以透過成立「閉鎖性股份有限公司」性質的控股公司這種方式，其股權由家族成員持有，而且限制不能轉售給外人[13]，在家族企業屬於公開發行股票公司的情況下，有意爭取成為接班人的下一代家族成員，仍然可以透過控股公司來控制股權，確保持有家族企業股份的家族成員支持專業經理人（關於控股公司與閉鎖性公司請參閱第一章的LESSON 4、LESSON 5）。

此外，閉鎖性公司的架構也可以搭配自益信託制度建立家族信託，甚至進一步使用家族辦公室等，確保家族企業經營者百年後，對家族企業的安排能夠繼續維持下去，而且家族成員能繼續掌握家族企業的控制權[14]。

## 三、接班人先與家族成員充分溝通，確保家族成員支持接班人選任的專業經理人

依據報章刊載，宏碁集團創辦人施振榮的長子施宣輝受訪時表示，他認為接班的定義，除了要把公司的經營權交給具備深度經營能力的專業經理人之外，所有權人還必須做好公司治理的傳承，讓公司能繼續找到優秀的專業經營團隊。施宣輝也透露，宏碁董事會議案很多，有些與投資相關，必須了解上下游產業，因此接任宏碁

董事後，他推行每次開董事會之前先開家族會議，向家族成員解釋決策背後的原因及執行方式，如果家族成員有意見，他會先傳達給宏碁公司，安排「會前會」由家族成員出席討論[15]。

有意爭取成為接班人的下一代家族成員，雖然得以限制股份表決權及成立閉鎖性公司等方式，確保家族成員支持接班人選任的專業經理人，但是硬性規定下，家族成員之間容易產生誤解而爭吵不休，而宏碁集團接班人施宣輝就是很好的示範，接班人透過與家族成員充分溝通，讓家族成員了解經理人做出決策的原因及執行方式，然後以家族治理與公司治理並行的模式，確保家族成員支持接班人選任的專業經理人。

## 接班人如何面對及處理多個具有接班意願的第二代家族成員？

聽過康熙年間「九子奪嫡」的故事嗎？無論你是清史迷，抑或僅沉迷於清代的稗官野史，想必對排行一、二、三、四、八、九、十、十三及十四等九位皇子之間相互競逐、站隊，以及各種版本的恩怨情仇，都能如數家珍吧！就算對這些歷史故事再沒興趣，或多或少也聽過「正大光明」匾額後，康熙遺詔究竟是「傳位于四皇子」還是「傳位十四皇子」的軼聞疑雲。

古代王朝是如此，現今的家族公司也是這樣。如果遇到了有意

願接班的人不只一個的情況下，有意接班的當事人應該如何脫穎而出？筆者指出，這過程有賴家族治理機制，建立有效的溝通平台。綜合各方經驗來看，在世代交替後，家族成員眾多的家族企業，通常年輕一輩之間的感情較上一輩淡薄，所以有接班意願的下一代家族成員，應該透過家族治理制度積極與家族成員溝通、討論接班事宜，避免家族成員之間的接班紛爭波及企業運作，進而影響股東及其他利害關係人的權益[16]，具體做法如下：

## 一、接班人可以透過家族治理機制建立有效的溝通平台，處理多個具有接班意願的家族成員

宏碁集團創辦人施振榮受訪時表示，他們夫妻打拚一輩子，就是希望「下一代可以和諧」，施振榮認為除了所有權傳承之外，透過公司經營的理念與價值觀傳承，持有股份的家族成員與專業經理人充分溝通，可以確保公司經營方向符合家族價值觀，促使家族成員之間的和諧[17]。

因此，有意願接班的下一世代家族成員，於家族企業定有家族憲章的情況下，應該參考所屬家族憲章中記載接班人培養計畫等規定，讓自身成為最適當的接班人，並得與其他具有接班意願的二代溝通，透過家族治理制度，決定最適當的接班人選。

## 二、接班人可以協助有意願但未接班的二代家族成員，於家族企業之外另行創業

在下一代的成員眾多，而大位顯然有限的情況下，接班人或許可以協助有意願但未接班的二代成員，在家族企業之外另行創業，以降低無從接班二代成員的競逐之心。這樣的做法，固然不能保證一定有效，但創業成功的成就感，不亞於接班成功的成就感，如果接班人願意對未接班的二代家族成員提供實質上的創業幫助，應該或多或少可以讓接班更為順利。

## 三、接班人設計特別股，讓未接班的家族成員取得較多股利

主觀及客觀上，也存在第二代家族成員都不適合接班的情形。此時，接班人可以透過特別股的設計，讓未接班的家族成員取得較多股利。依《公司法》第157條第1項第1款規定，公司得於章程中明定特別股分派股息及紅利的順序、定額或定率，讓特別股優先取得股息，或取得較高的股息。

例如：可針對扮演不同角色的家族成員，設計各自的特別股，以及各個特別股的表決權數、股利分配等[18]，然後針對具有接班意願但未接班的家族成員，給予可取得較多股利的特別股，使其取得資金，另外創業或投資，謀求於接班家族企業之外的發展空間。

# 第二代無意願或無力接手家族企業時，如何保障自身利益，並兼顧家族企業永續經營？

　　我們在討論家族傳承的時候，往往只關注競逐接班人地位的家族成員及其身邊的親信們，而忽略了另有鴻鵠大志、在家族企業中只想擔任快樂股東的家族成員們。又或者，已經接班家族企業，但想引進專業經理人以淡化家天下色彩、逐步退出經營的家族成員。

　　例如：臺灣五大家族之一的高雄陳家，大家長陳中和於清朝同治年間，以高雄為據點經營跨國貿易，生意遍布香港及橫濱，再於日治時期投資糖、米等事業，其後代也開始從政，至此陳家在政經界舉足輕重，全盛時期家族擁有超過12萬坪坐落於高雄市精華區的土地，由家族企業「南和興產股份有限公司」負責管理土地租賃及開發。雖然，陳家有土地「只租不賣」的家訓，但是持有南和興產公司20％股權的最大股東「陳啟川先生文教基金會」，長期由陳家三房所掌控、經營，陳家一房、二房、四房及五房遂退出南和興產

公司，將共計58％股權出售予港商亞太置地[19]。自此之後，陳家各房紛紛賣地套現，未能維持「只租不賣」之理念。

抑或花仙子創辦人王堯倫於2012年罹癌驟逝，在外商公司擔任業務、未滿30歲的大女兒王佳郁與母親蔡心心緊急接班。在公司接班穩固以後，為了吸引專業人才，引進專業經理人團隊來淡化家族企業色彩。然而，引進專業經理人以後，王家家族成員應該如何在有限的控制權之下，維護自身利益[20]？

甚至近年因家族紛爭頻繁躍上新聞版面的西門町成都路知名滷味店「上海老天祿」，其創辦人蔡毓根有四名子女，在公司設立時，蔡毓根與四名子女均為股東，大姊蔡清華原定居美國、未插足家族企業經營，因此家族企業就由蔡毓根及弟弟蔡清國經營，但是後來蔡清華指控，蔡清國作為「上海老天祿」的實際負責人，竟然縮短營業時間，並放任妻子周映明打著「上海老天祿」二代店的名義，另外設立「祿大食品公司」，以創辦人蔡毓根的肖像為商標混淆消費者，搶走「上海老天祿」的生意[21]。像大姊蔡清華這樣原未插手經營的家族成員，面對家族企業利益可能旁落或稀釋的情況，該如何確保自己的權益？

在此，筆者提出幾種常見的情況，並給出相應自保且能維護家族利益的方法。

## ◢ 在委託專業經理人經營家族企業的情況下，持股不參與經營的繼承者如何確保權益？

有些家族企業的家族成員持有股份，但是無意願親自參與經營，所以透過進用專業經理人的方式管理家族企業，在維持家族企業運作的同時，還可以持續領取家族企業股份產生的獲利。如果家族成員採取這種做法，應該如何避免因專業經理人掌權而使家族企業經營完全逸脫掌控？

這裡分成兩種情況。第一種情況是，家族成員持有足夠的股權，可以透過控制董事會來任免經營績效不佳或不符合公司經營方針的專業經理人。

第二種情況就比較複雜。如果股權有分散的必要，家族成員無法持有足夠的股權，此時可以透過「**雙層股權結構**」設計，由家族成員持有特別股，其餘普通股則釋出給一般投資人，如此一來，家族成員可以透過持有其中表決權數較高或享有否決權的股份，保有對家族企業的話語權。

以美國為例，多間美國知名企業均採用雙層股權結構，確保原家族成員或經營階層的控制權，例如：臉書公司發行複數表決權特別股，A股1表決權、B股10表決權；威士卡公司發行無表決權特別股，A股1表決權、B股及C股無表決權，但是於合併決議時有表決權；耐吉（Nike）公司發行可選舉一定比例董事特別股，A股選舉

75%席次董事、B股選舉25%席次董事[22]。

我國過去因《公司法》採「表決權平等原則」，強調「一股一表決權」，因此實務上不承認複數表決權特別股存在。但是隨著《公司法》於2015年修正，新增閉鎖性公司，允許閉鎖性公司發行複數表決權特別股、無表決權特別股、限制表決權股，以及對於特定事項具否決權特別股。2018年進一步修正，允許非公開發行股票公司發行複數表決權、對特定事項否決、禁止或限制被選舉為董事或監察人、保障當選一定名額董事、轉讓限制等特別股。因此，現行實務上，在閉鎖性公司及非公開發行公司中，開始見到「雙層股權結構」的設計。

未經營家族企業的家族成員，仍然得以透過手上的持股盡可能控制、監督公司經營者（包含專業經理人）的治理成效。例如：如果是繼續3個月以上持有已發行股份總數超過50%的大股東，即可自行召集股東臨時會[23]。

即便家族成員持有股數較少，不足以控制超過50%的股份，仍然有其他監督或一定程度參與公司治理的方式。例如：繼續1年以上，持有已發行股份總數3%以上的股東，得以書面記名提議事項及理由，請求董事會召集股東臨時會，如果董事會不願召集股東臨時會，可以報請主管機關許可自行召集[24]。至於持有已發行股份總數1%以上股份的股東，得以書面向公司提出董事候選人名單[25]；得以書面請求監察人為公司對董事提起訴訟；得以於監察人不作為時為公司提起訴訟[26]；得以聲請法院選派檢查人，於必要範圍內檢查公司業務帳目、

財產情形、特定事項、特定交易文件及紀錄 [27]。

## 允許閉鎖性公司發行複數表決權的股權形式

### 《公司法》於2015年修正公司法第356條之7：

公司發行特別股時，應就下列各款於章程中定之：

一、特別股分派股息及紅利之順序、定額或定率。

二、特別股分派公司賸餘財產之順序、定額或定率。

三、特別股之股東行使表決權之順序、限制、無表決權、複數表決權或對於特定事項之否決權。

四、特別股股東被選舉為董事、監察人之禁止或限制，或當選一定名額之權利。

五、特別股轉換成普通股之轉換股數、方法或轉換公式。

六、特別股轉讓之限制。

七、特別股權利、義務之其他事項。

第157條第2項規定，於前項第三款複數表決權特別股股東不適用之。

### 2018年《公司法》進一步修正第157條：

公司發行特別股時，應就下列各款於章程中定之：

一、特別股分派股息及紅利之順序、定額或定率。

二、特別股分派公司賸餘財產之順序、定額或定率。

三、特別股之股東行使表決權之順序、限制或無表決權。

四、複數表決權特別股或對於特定事項具否決權特別股。

五、特別股股東被選舉為董事、監察人之禁止或限制，或當選一定名額董事之權利。

六、特別股轉換成普通股之轉換股數、方法或轉換公式。

七、特別股轉讓之限制。

八、特別股權利、義務之其他事項。

前項第四款複數表決權特別股股東，於監察人選舉，與普通股股東之表決權同。

下列特別股，於公開發行股票之公司，不適用之：

一、第一項第四款、第五款及第七款之特別股。

二、得轉換成複數普通股之特別股。

# 家族成員將家族企業股份出售給其他家族成員、專業經理人或市場派時，有哪些注意事項？

　　如果家族成員沒有意願繼續持有家族企業的股份，想出售股份，此時必須注意，有可能發生家族成員不能繼續掌控家族事業、家族事業旁落外人治理的情形。例如：國內知名食品大廠泰山公司起初由詹家四兄弟共同創立，經過三代傳承，股權分散於叔姪與堂兄弟手上，之後又因家族成員未能共治，部分家族成員將股權出售給龍邦集團，最終導致龍邦集團取得優勢股權，順利爭取過半董事席次，終結70年來詹家家族成員治理泰山的局面[28,29]。

　　此外，如果家族企業成員持有股權比例較大，在出讓公開發行公司持股時，除了應該注意依《證券交易法》第22條之2規定[30]，盡大

股東持股轉讓申報義務之外，出脫股份還可能發生「**控制權溢價**」，亦即第三人因期待取得目標公司的控制股權後，得以享有目標公司的控制權，所以願意以較其他不具控制權的股份更高的單價收購股份。

為了使全體股東分享控制權溢價的利益，以及確保全體股東有權在經營權變動之際公平賣出股票、退出公司，《證券交易法》定有「**公開收購**」的規定[31]，禁止向特定人協議認購，規範任何人單獨或與他人共同取得任一公開發行公司已發行股份總額超過5％的股份者，應向主管機關申報及公告，使全體股東有權以同一收購條件應賣。如果應賣股份數量超過收購人的原訂計畫，則收購人得依原計畫數量依比例收購應賣股東的股份。如果違反公開收購的規定，除了向低價出售股份的小股東負損害賠償責任以外，亦可處2年以下有期徒刑、拘役或科或併科180萬元以下罰金[32]。

舉例來說，王令麟透過實際掌控東森國際股份有限公司、東森得易購股份有限公司及東森購物百貨股份有限公司掌有東森媒體公司（公開發行公司，但未上市櫃）約53％的股權。東森媒體公司於民國94年股東會原已決議加速達成上市計畫，但是因為王令麟知悉凱雷集團有意高價收購東森媒體公司的股權，遂主導董事會撤銷公開發行的決議，以規避《證券交易法》有關公開收購及資訊揭露的規範。隨後，遭法院認為東森得易購股份有限公司及東森購物百貨股份有限公司是以合法手段（撤銷公開發行）掩飾其不法目的（規避公開收購等規範），進而判決王令麟應賠償小股東的損害[33]。

# 是否將股權交由兄弟姊妹行使?

　　部分無意願經營家族企業的家族成員,可能將股票借名登記於其他家族成員名下,或是將印章交由其他家族成員使用,方便他們協助行使股東權利,這種情況下就必須注意借名登記之後可能發生股份歸屬的爭議,而且印章借用還可能因為無法掌控使用的範圍,進而發生印章於授權範圍之外使用的情形。

　　如果家族成員未將持股交由其他股東行使,而是透過股東之間、或與其他具有實質控制權的人,訂定股東協議以行使股東權利,則必須注意協議的效力。如果締結契約的內容是股東與另一股東約定,就一般或特定場合,以自己持有股份的表決權,約定以特定方式投票,這種協議稱為「表決權拘束契約」(關於表決權拘束契約請參閱第1章LESSON 1的延伸閱讀)。現今《公司法》及《企業併購法》針對非公開發行公司[34]、閉鎖性公司[35]及企業併購[36]等情形,明定在一定要件下,認可這類協議的效力。至於司法實務就公開發行公司得否成立「表決權拘束契約」,見解不一。

　　例如:在台新金控與彰化銀行的案件中,法院採取較開放的態度,認為即使是公開發行公司,在《公司法》第175條之1修正施行以前成立的表決權拘束契約,只要締約目的與上述各規定的立法意旨無悖,非以不正當手段意圖操控公司、不違背公司治理原則及公序良俗,便不得遽認為無效[37]。但是在幾年後的中廣公司案中,法院又嚴格限縮,認為表決權拘束契約嚴重影響公司實踐治理原則,僅

於符合法律規定的要件下，才肯認協議的效力，否則即屬無效。

因此締約的當事人如非股東或雖為股東，但是不符《公司法》第175條之1、第356條之9及《企業併購法》第10條規定，而訂立涉及董監席次、經理人選任等實質操控公司經營事項的協議，便違反《公司法》有關公司治理的相關規定，而且違反公序良俗，該契約即屬無效[38]。

例如：華夏公司與好聽公司、悅悅公司、播音員公司及廣播人公司（後文稱「好聽公司等四公司」）簽訂股份轉讓契約書及補充協議書，約定由華夏公司以57億元讓售中廣公司股份給好聽公司等四公司，並約定未經華夏公司同意，好聽公司等四公司不得任意改派法人代表董事及監察人，而且華夏公司得以指派中廣公司1席財務主管人選。之後，華夏公司將其中56億元價金債權轉讓給光華公司，光華公司再與好聽公司等四公司簽訂備忘錄，約定華夏公司就股份轉讓契約書及補充協議書的權利義務由光華公司承受。然而，好聽公司等四公司未經光華公司同意自行改派法人代表董事及監察人，光華公司遂起訴請求好聽公司等四公司應依其指定選派法人代表董事及監察人。

在此案中，法院認為光華公司完全控制中廣公司的董事會及監察人，導致其內部監控機制難以有效發揮，有違公司治理的公益性，剝奪好聽公司等四公司對中廣公司行使人事、財務或業務經營等權利，造成中廣公司人事、財務或業務經營實質由非股東的光華公司所控制與支配，卻不用負擔控制公司責任，逃避法令規範、違

反公共秩序，該表決權拘束契約應屬無效。

## ◢ 不介入經營，卻選擇擔任董事、監察人？

　　部分家族成員對人生另有規劃，毫無興趣介入家族企業經營，只願意掛名家族企業的董事、監察人，擔任所謂「人頭」董、監事。不過，很多人忽略了擔任「人頭」董、監事，在公司登記上仍為公司負責人，必須負法律規定上的董、監事責任，因此行動前必須謹慎地考量。例如：聯明紡織廠股份有限公司的董事會成員涉及違反利益迴避，以侵占且不合常規、虛偽交易等方式，製作不實憑證、虛進銷貨文件及資金循環，進而申報及公告不實內容的聯明公司財務報告，掏空聯明公司資產，投保中心因此起訴請求所有掛名的董事應負損害賠償責任。董事長劉東易在法庭上抗辯，自己只是人頭董事長，無權過問公司經營，董事黃國忠則抗辯，當了幾次董事，每次開會只領2萬元，而且很少開會。但是法院審理後認定，無論他們是否為人頭，均無礙於他們身為公司負責人的職務角色，而且此次事件也凸顯他們未盡公司負責人的忠實義務，必須負賠償責任[39]。

# 家族成員之間如何使用
# 和分配家族資源？

　　2023年5月4日，一名賴姓18歲男性高中生（下稱賴生）和26歲夏姓男子（下稱夏男）登記結婚，豈料，登記後約2小時，賴生即於夏男位在台中市北屯區的10樓住處墜樓身亡。由於時年18歲的賴生自父親那邊繼承數筆不動產，總價值約新台幣5億元，加上賴生所屬家族身分特殊，從而引起社會各界矚目。由此案例可知，家族可以提供下一代豐富的資源，但是如果未能事前妥善規劃家族資源及分攤相應風險，即有可能因為上一代的辭世或下一代的變故，衍生家族資源相關的爭議。

　　家族資源種類繁多，凡可被繼承的財產都可以認定為家族資源。從《民法》的規定來看，財產主要分為動產及不動產，不過在現實生活中，這樣的分類恐怕過於簡單。如果要詳細說明，舉凡一般常見的家族資源種類，包括不動產（房屋及土地）、活期或定期

存款帳戶、投資理財帳戶（例如：黃金存摺)、基金、公司股票、短期票券、保險、黃金或珠寶、特種貨物（例如：高級家具、高爾夫球俱樂部會員證等特殊會員權利、名車、遊艇）……。如果上一代可以事先依自己的意願進行分配，或視下一代各自不同的性格及發展來分配家族資源，即可將家族資源發揮最大效率，同時避免上述案例中，因為下一代發生意外，導致「肥水落入外人田」的危機。

# 遺產分配的程序與應用

第1章說過《民法》已經就各種可能情況來分配遺產繼承順序，只要被繼承人沒有預先訂立遺囑，就會依據應繼分的比例來處理。

配偶是當然繼承人之一，但是請特別注意，配偶得依《民法》第1030條之1主張「**剩餘財產差額分配請求權**」，簡單而言，就是將夫妻雙方婚後的財產扣掉各自債務後相比較，財產比較多的一方，就多出的剩餘財產要平均分給對方，以求公平。

在夫妻一方死亡或離婚的情況下，其中一方可以提出剩餘財產分配請求權，但是因繼承或其他無償取得的財產及慰撫金則不在此限。除此之外，如果夫妻一方對於婚姻生活無貢獻或協力，或有其他事由使得平均分配有失公平時，法院亦得調整或免除剩餘財產分配額。《民法》並要求法院於調整或免除時，應綜合衡酌夫妻婚姻存續期間的家事勞動、子女照顧養育、對家庭付出等整體協力狀況，以及共同

生活及分居時間長短、婚後財產取得時間、雙方經濟能力等因素。

在剩餘財產分配請求權被請求後還剩下的遺產，配偶則可以按照《民法》第1144條所定比例，與《民法》第1138條所定的血親繼承人共同繼承。

舉例而言，某甲為某乙、某丙所生，並與某丁結婚，但無子嗣。某甲於壯年時因車禍病故，此時父母某乙、某丙仍在，然而配偶某丁可以先主張剩餘財產分配請求權，並於分配後仍有遺產時，才會依《民法》第1138條第2款規定，與第二順序繼承人父母同為繼承，再依《民法》第1144條，決定配偶與血親繼承人之間的分配比例。此案例中，配偶某丁應繼分為遺產1/2，至於同屬第二順序繼承人的某乙、某丙，再就遺產平均分配，應繼分各得遺產1/4，詳見圖表3-1。簡言之，配偶的應繼分應視其與何人同為繼承，而有不同的應繼分比例，而且要件符合時，在繼承分配之前可先行使剩餘財產分配請求權。

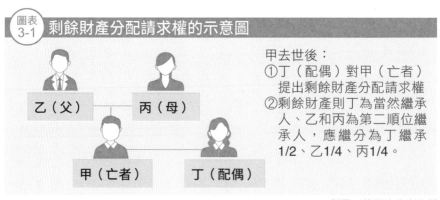

**圖表 3-1　剩餘財產分配請求權的示意圖**

乙（父）———丙（母）

甲（亡者）　　丁（配偶）

甲去世後：
①丁（配偶）對甲（亡者）提出剩餘財產分配請求權
②剩餘財產則丁為當然繼承人、乙和丙為第二順位繼承人，應繼分為丁繼承1/2、乙1/4、丙1/4。

製圖：萬國法律事務所

## 代位繼承爭議多

依據《民法》第1140條規定，《民法》第1138條所定第一順序繼承人，如果在繼承開始前死亡或喪失繼承權時，由其直系血親卑親屬（「直系血親」是指己身所從出，或從己身所出；「卑親屬」則是指自己以下的親等，例如：子、孫、弟、妹、姪、甥等。因此，直系血親卑親屬即是指子輩、孫輩、曾孫輩……，依此類推）代位繼承其應繼分。

舉例來說，某甲與某乙結婚，育有子女某丙、某丁；某丙又與某戊結婚，育有子女某己、某庚。於某甲死亡時，配偶某乙、子女某丙均已歿，此時依《民法》第1138條第1款規定，僅在世的直系血親卑親屬某丁可以繼承，然而《民法》顧慮到繼承的公平性，特別於上開第1140條規定，可由某丙的子女某己、某庚代位繼承已歿某丙的應繼分，從而於此案例中，某丁的應繼分仍為某甲遺產1/2，原某丙應繼分（同為某甲遺產1/2）則由某己、某庚代位繼承後平均分配之（詳見圖表3-2）。

《民法》雖然特別於1140條規定代位繼承，然而此規定於實務適用上，其實存有許多爭議。首先，被代位繼承之人的配偶無從繼承，回到上述的例子即可知道，某甲的遺產最後是由子輩某丁、孫輩某己及某庚所繼承，但是某丙的配偶某戊（現實生活中，即某甲的媳婦或女婿）卻無法繼承。如果讀者對這種情況還沒「感覺」，那再假設某丙、某戊沒有子女的情形下，某戊其實無法繼承某甲的任何遺產，最終會由某丁單獨繼承。然而，如果某甲死亡時，某

丙、某丁均仍在世，則某丙繼承某甲的遺產後，縱使其與某戊沒有子女，某戊仍然可以繼承某丙自某甲所繼承的遺產。法規雖然殘酷，但是仍然要提醒現實中為人媳婦或女婿的讀者：「被繼承人」的死亡時間非常重要。

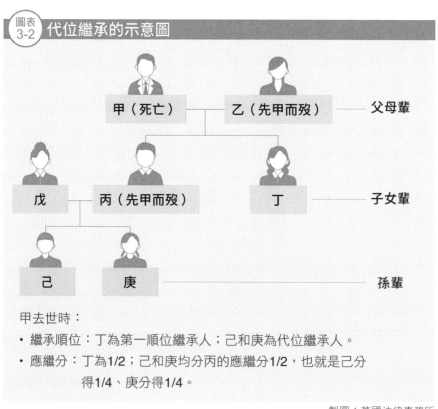

圖表 3-2 代位繼承的示意圖

甲去世時：

- 繼承順位：丁為第一順位繼承人；己和庚為代位繼承人。
- 應繼分：丁為1/2；己和庚均分丙的應繼分1/2，也就是己分得1/4、庚分得1/4。

製圖：萬國法律事務所

## 喪失繼承權的原因

依據《民法》第1145條第1項，有各款情事之一者，繼承人喪失其繼承權：

一、故意致被繼承人或應繼承人於死或雖未致死因而受刑之宣告者。

二、以詐欺或脅迫使被繼承人為關於繼承之遺囑，或使其撤回或變更之者。

三、以詐欺或脅迫妨害被繼承人為關於繼承之遺囑，或妨害其撤回或變更之者。

四、偽造、變造、隱匿或湮滅被繼承人關於繼承之遺囑者。

五、對於被繼承人有重大之虐待或侮辱情事，經被繼承人表示其不得繼承者。

另依《民法》第1145條第2項，上開第2款至第4款之規定，如經被繼承人宥恕者，其繼承權不喪失。

其次則是拋棄繼承相關的問題。再回到上述案例，如果某丙死亡時，某己、某庚曾經辦理拋棄繼承，那於某甲死亡時，某己、某庚是否還能代位繼承？

實務見解認為，所謂代位繼承，其實是孫輩（某己、某庚）基於自己的固有繼承權而繼承，並非繼承「子女輩（某丙）對父母輩（某甲）的繼承權」[40]。所以，自己只拋棄對母親或父親的繼承權，不等於子女也拋棄了對祖母或祖父的繼承權。這是實務上經常發生

的爭議，特別是對某丁（現實生活中，某丁可能是某己、某庚的伯叔姑姨）而言，「直覺上」會認為，某己、某庚既然曾經於某丙死亡時辦理拋棄繼承，豈能於某甲死亡時，又來主張「分一杯羹」？然而，依上開實務見解，某己、某庚於此情形，依據實務見解仍然可以代位繼承。

　　單就以上兩種狀況就可得知，代位繼承爭議非常多，如果您是不幸有子女已經過世的讀者，請特別留意規劃，以免沒有子女的媳婦或女婿，又或者曾經對過世子女辦理拋棄繼承的孫輩，在繼承過程中被遺忘而需要「上法院」討公道。


## 遺產分割前處理務須謹慎

　　看過上述代位繼承可能導致的爭議後，讀者應該理解到，如果沒有事先安排，而直接按照《民法》規定繼承的話，可能出現複雜性及不可預測性。所以，接下來要提醒的事項相對簡單，那就是，無論如何不要恣意處分已經繼承的遺產。因為依據《民法》第1151條，繼承人有數人時，在分割遺產前，各繼承人對於遺產全部為公同共有，需要得到全部繼承人同意才可以處分遺產。

　　我國實務有許多刑事案件，都是發生在繼承人於遺產分割前就處分遺產。較常見的情形是，為了處理喪葬事項而去提領被繼承人的存款，此時可能構成《刑法》第335條第1項侵占罪[41]；如果提領過程是使用被繼承人的印鑑來填具提款單，那就可能另外構成《刑

法》第210條、第216條行使偽造文書罪[42]。諷刺的是，會被起訴上述罪嫌者，多為陪伴在過世父母身邊的子女，於父母臨終前，為了支付醫療費用，又或父母過世的第一時間，為了支付喪葬費用，所以才有處分被繼承人遺產的行為。甚至，這些被告的繼承人之所以處分遺產，可能是來自於被繼承人的「口頭」指示，但是對於檢察官或法官而言，被繼承人究竟有沒有「口頭」指示，又或者只是被告卸責之詞，其實非常難區辨，縱使最高法院曾經諭知相關審酌標準，標準還是非常模糊[43]。因此，這裡還是要再次提醒身為上一代的讀者，事前妥善規劃的重要性；也要提醒身為下一代的讀者，無論如何，不要恣意處分將要被繼承的遺產，以避免爭議。

## 協議財產分割的優劣

先說結論，在被繼承遺產為正數的情況下，協議分割通常是繼承人之間較為簡便的做法，除了可以免去《民法》關於應繼分規定的拘束，也可快速取得遺產加以運用，或是使需求不同的繼承人可以各自取得所需資源。然而，關於協議分割遺產仍有以下三點應詳加注意：

一、因為是處分公同共有財產，因此分割協議要由全體繼承人共同為之，如果有遺漏，分割協議無法拘束未參與分割協議的繼承人。

二、分割協議必須要具體、明確、可執行，以確保日後如果有繼承人反悔，可以直接起訴請求該後悔的繼承人履行分割協議，再透過法院判決取得執行名義加以強制執行。分割協議本質上就是一種契約，牽涉法律關係複雜，最好尋求律師協助撰擬，避免於涉訟時迭生契約解釋的爭議，並建議進行公證來強化該分割協議於涉訟時的證據強度。

三、雖然《民法》並未規定分割協議必須具備一定形式，但地政實務為了避免爭議，於分割協議未經公證、認證或地政士簽證時，會要求分割登記申請人出具全體繼承人的印鑑來證明[44]，因此分割協議不是經全體繼承人共同簽訂就結束，於實際辦理登記以前，都存有諸多變數，不可不慎。


儘管，協議分割是比較和平的方式，但是必須留意，在被繼承人或者繼承人有債務的情況下，繼承人仍得選擇辦理拋棄繼承[45]：


一、在被繼承人（上一代）有債務的情況下，繼承人之間互相協議「不拿」，終究只是繼承人之間的協議，面臨外部債權人的請求，是沒有「護身符」的，但是如果向法院辦理拋棄繼承，無論被繼承人的債務如何，債權人都無法再向繼承人提出償還債務請求。

二、在繼承人（下一代）有債務的情況下，民間經常透過分割

協議，由該有負債的繼承人「自願不拿」，以規避債權人的請求。例如：某甲、某乙為夫妻，育有子女某丙、某丁，某乙早於某甲過世，而某丙因為創業失敗而有龐大債務，從而於某甲過世時，某丙便與某丁簽訂協議「自願不拿」，由某丁私下給予遺產，以免一經繼承即遭債權人請求清償或強制執行。但是債權人遇到此種情形，其實仍然可以訴請法院撤銷協議[46]，所以遇到這種情形，最好的做法仍然是某丙向法院辦理拋棄繼承，才可以避免爭議。

# 家族的共有資源如何使用？

土地、房產都是常見的共有資源，也是很常見到的繼承糾紛，原因就在於「共有」這個概念。如果遭遇相關的糾紛，該如何處理？下方將為讀者解答共有的疑惑和解方。

## 共有物分管契約

《民法》上的共有可以分為「分別共有」及「公同共有」，二者的差別在於形成的原因及處分共有物的難易度。遺產在分割前，原則上是由全體繼承人所公同共有，必須經全體共有人同意才可以處分全部的共有物[47]，這也是前面提醒「不要恣意處分將要被繼承的遺產」的根本原因。然而，這種規定其實妨礙了繼承人對遺產進行

有效率利用，因此《民法》關於公同共有的規定仍有部分準用「分別共有」的規定[48]。公同共有人全體（即繼承人全體）對於共有物的「管理」，仍然可以透過訂定契約的方式加以協議，此即「**共有物分管契約**」。《民法》可以透過共有物分管契約加以協議的標的並不限於不動產，只要具所有權的財產，無論其型態是有體的古董、家具，甚或是無體的債權，皆可以透過共有物分管契約加以協議[49]。

再者，因為《民法》相當重視資源的有效率利用，因此特別規定協議不分割的期限不得超過5年，超過5年的部分縮短為5年；而訂有不動產共有物分管契約的情形，不分割的期限則延長為不得超過30年，超過30年的部分縮短為30年[50]。如果您是配偶已經過世的讀者，可能希望透過不分割協議以避免下一代輕易處分遺產，例如：您相當重視的祖產，或是您與配偶胼手胝足打拚來的「起家厝」，此時即應特別注意上述《民法》的規定，必須在有不動產共有物分管契約的情形下，該不分割協議的期限才可以延至30年，如果沒有，則只有5年。

此外，因為共有物分管契約終究只是共有人之間的協議而已，外界難以窺知，因此容易產生爭議。例如：某甲、某乙、某丙等繼承人之間已就尚未分割的繼承不動產協議分管，但是某甲忽然過世，其子女某丁可能主張自己毋庸受到分管契約拘束；又例如：某甲、某乙、某丙等繼承人已就繼承不動產分割為分別共有，並另協議分管，但是某甲嗣後將其應有部分出售予某丁，某丁可能主張自己毋庸受到分管契約拘束。

為了避免上述爭議，《民法》特別制定共有物約定使用管理的登記制度[51]，土地登記規則亦有相應規定[52]，如此一來，即可使共有人之間的協議產生公示效果。


## 分管共有物契約與分割共有物之訴

繼續討論分割共有物之訴之前，要再次強調《民法》相當重視資源利用效率，在共有物分割之前，特別是不動產，鼓勵共有人約定分管契約。但分管契約終究是以共有關係存在為前提，而分割共有物之訴則是為了消滅共有關係，因此實務見解認為，裁判分割共有物不須受到分管契約的拘束[53]。

上述實務見解在晚近已經有些變化，畢竟回歸資源效率利用的本旨，既有分管狀態所表彰的安定性就不能被忽略，因此較新的實務見解也開始注意「分管狀態」、「土地應有之權利狀態」等概念[54]。然而，分管契約不必然代表法院在分割共有物之訴時，必須要依分管狀態進行分割，至多只是分割時的參考，這是身為下一代讀者在與其他共有人磋商分管契約之際，不得不牢記在心的現實。


# ✎ 家族資源屬於智慧財產權型態的因應之道

承如本節開始所述，家族資源型態多元，如果只是針對動產、

不動產進行討論，顯然不足以含括全部家族資源型態。因此，這裡要特別討論智慧財產權型態的家族資源。狹義而言，智慧財產權是指專利權、商標權、著作權，廣義時可能還指涉到營業秘密，以下就各種智慧財產權的繼承重點進行說明。

## 專利權

如果專利權是由上一代創設的公司所有，即不會有繼承的問題，但是如果由上一代以自然人身分所有，再授權給創設的公司使用，那就有提早安排的必要，在規劃繼承前必須先詳細調查。如果是將自己所有的專利權授權給公司使用的讀者，可以考慮生前就將專利權移轉至您的公司，或是以遺囑形式來安排，以免過世之後由下一代直接繼承專利權，或者因分割訴訟遲未確定，導致生前所創設的公司喪失使用權源，又或是不知要找哪位繼承人商議授權事宜。

反之，如果是繼承專利權的下一代讀者，則應於繼承當下儘速向經濟部智慧財產局辦理繼承登記，使所繼承的專利權遭第三人侵權時，可以即時主張權利。

## 商標權

商標權與專利權一樣，會有授權使用的問題，建議作為上一代的讀者參考前述說明，儘早調查及安排。如果您是繼承商標權的下一代，同樣要記得向經濟部智慧財產局辦理繼承登記。

在此要特別提醒下一代的讀者，繼承商標權並非登記了事，還必須有持續使用的事實，否則商標專責機關可以依職權或依申請，就未使用或繼續停止使用已滿3年的商標加以廢止註冊[55]。商標的這個特性亦是上一代於布局時應納入考量，由此出發，可以提前安排或以遺囑將商標權指定由實際有使用商標需求、可以繼續商標使用狀態的下一代繼承。同理，有上述需求的下一代讀者，亦可於協議分割遺產的過程加以主動爭取，以免後續需要不斷磋商授權，而受到其他繼承人的掣肘。

## 著作權

著作權可以再細分為「**著作人格權**」與「**著作財產權**」，前者具有一生專屬性、永久受到保護，並非可繼承的標的[56]，後者則是保護由著作所生之財產、經濟上的利益，屬於可繼承的標的。然而，相較於上述的專利權、商標權，著作財產權並不須特別登記[57]。因此，如果您是完成著作的上一代，並希望由下一代繼承由該著作所生之財產、經濟上的利益，則應注意儘早保存自己完成著作的證據，並且告知下一代，以免將來著作財產權遭第三人侵害時，下一代因舉證問題而無法為您主張權利。此外，也要提醒身為下一代的讀者，著作財產權原則上只存續至著作人死亡後50年[58]，這個權利特性是您於協議分割遺產的過程中，必須納入考量的重點。

至於身為上一代的讀者，如何保存自己完成著作的證據，則應視所有的著作類型分別討論。例如：音樂著作可以向相關的音樂著

作權集體管理團體存證；語文著作可向國際標準書號中心申請國際書碼。上述存證或者申請管道終究只是預為將來舉證做準備，具體還是應該視著作成果型態，尋求專業的協助，方能立於不敗之地。

## 營業秘密

營業秘密是指符合秘密性、經濟性，而且有採取合理保密措施的方法、技術、製程、配方、程式、設計，或其他可用於生產、銷售或經營的資訊[59]。不過，營業秘密究竟是否具備「權利」性質，又或者只是受到法律特別保護的「利益」，並非毫無爭議[60]，因為營業秘密並不具備權利外觀，但是立法政策上又有許多「權利」特徵[61]，這個爭議在營業秘密作為一種家族資源時，格外棘手。

舉個有名的例子：源自日本福岡的一蘭拉麵，以「赤紅秘製醬汁」聞名，根據報章記載，這份配方在全世界僅有4個人知道[62]。試想一下，如果「赤紅秘製醬汁」配方是您的家族資源，毫無疑問這是個營業秘密，身為上一代的讀者該如何即早處理？

考慮到營業秘密的特性，如果該項營業秘密未儘早安排，恐怕會隨著上一代的辭世而失傳。縱使上一代已經將營業秘密書面化，但如果繼承人眾多，導致繼承過程中有許多人接觸到該營業秘密，恐怕會增加營業秘密外流的風險。由於營業秘密的特殊性，本書建議身為上一代的讀者應儘早安排您所掌握的營業秘密。例如：傳授給有意接棒的下一代，如果下一代有數人時，可以考慮仿效一蘭拉

麵的做法，分別由下一代各掌握一部分，以確保秘密的特性，亦可促進下一代的合作，避免分家疑慮。

## 🖋 共有物分割的解決之道

　　本章節討論到分割協議，也討論到共有物分管契約，而這些協議、契約的前提都建立在下一代家族成員之間的共識。如果下一代無法就上一代留下的家族資源如何使用、分配達成共識，則法律提供的解決之道即是交給法院裁判加以分割。

　　透由法院裁判分割的缺點在於，原告必須繳納裁判費，裁判費的計算基礎是原告可獲得的客觀利益，如果涉及不動產或是股票等市價需要計算的標的，法院可能在核算裁判費的階段，委請專業機關鑑定，形成曠日廢時的困境，而且鑑定完成後還要繳交約等同1%價值的裁判費。再者，因訴訟法律技術的緣故，共有物分割訴訟必須將所有繼承人都列為訴訟當事人，不管是原告或被告。本章節開頭已敘及，配偶也是當然繼承人，因此想要請求分割的子女，經常面臨要將在世的父或母一起作為原告或列為被告的抉擇，導致情感上遭遇障礙。此外，也因為必須將所有繼承人都列為訴訟當事人，相關文書必須合法送達，因此如果特定繼承人不在國內，都有可能導致訴訟延宕。

　　分割共有物之訴在法律上的另一特徵在於，它屬於「**形式形成**

第
3
章
　
下
一
代
家
族
成
員
的
接
班
關
鍵

1
6
3

訴訟」，而有「**聲明非拘束性**」。白話地說，在一般財產權訴訟中，原告起訴聲明可以「限制」法院的判決，例如：某甲借給某乙100萬元，期限屆至某乙卻遲未清償，但是某甲起訴某乙的聲明只請求某乙給付50萬元，這時候法院想要判決償還超過50萬也不行。然而，在分割共有物之訴中，雖然原告起訴時會聲明分割方法，不過這些對於法院而言都是參考性質，法院仍然必須斟酌各項標準加以衡量[63]，最終可能人人都滿意，也有可能人人都不滿意，這是想要提起分割共有物的家族成員，不得不考慮的現實問題。儘管如此，如果下一代之間對於分割共有物遲遲無法達成共識，還是只能透過「上法院」的方式解決，而且最後法院分割結果也未必能揣測，甚至無法實現上一代的意志，這個現實也提醒身為上一代的讀者，儘早準備的必要性，以免人走茶涼，徒留破裂的家族悲歌。

# 遺囑存在不同版本，或家族成員就財產分配及繼承問題各執一詞時，該如何處理？

　　大家族家長預先進行遺產分配的做法屢見不鮮，但是家族成員之間如果沒有共識，幾張紙的出現可能導致其他繼承人少拿數億元的遺產，在其他繼承人「只要這張紙無效，我就可以多拿很多」的人性現實下，不僅誰也不可能服誰，更有極高的機率發生遺產爭執，甚致彼此對簿公堂。

　　舉例而言，長榮集團創辦人張榮發於民國105年1月20日過世，並於身後留下密封遺囑，遺囑中將存款、股票、不動產全留給四子張國煒，並指定張國煒接任長榮總裁。但是家族遺產分配並未因此止息，龐大的遺產果然引發兄弟鬩牆，三子張國政向法院提確認遺囑無效訴訟，主張張榮發的遺囑不符合法定要件而無效，更引發諸多法律攻防戰及案外案[64]。

　　從上面的例子可以觀察到，家族遺產愈龐大，愈無法輕忽發生

遺產爭執的可能性，尤其在人性驅使下，無論長輩事前透過多複雜的機制進行遺產規劃，最終仍然可能發生遺產爭執，危及家族企業的長治久安，因此繼承人之間如何面對彼此對於長輩遺產規劃的質疑，為妥適處理遺產的重要關鍵。本章後續將說明遺產規劃遭到其他家族成員質疑時法律上的處理原則，再說明存在遺囑時的處理方式，並分析遺囑受利者可以考量的談判策略。

## 遺產規劃遭到其他家族成員質疑時，該如何處理？

在家族中，長輩時常會透過本書先前所提及的各種工具進行遺產生前規劃。然而，常見的情況是，兄弟姊妹都在各自的領域打拚，長輩不免與生前主要照顧者比較親近，如果這名照顧者又有繼承人的身分，就可能會發生長輩對照顧者特別厚待，經常將財產過戶給這名繼承人的情況。此時，長輩生前的財產規劃究竟是長輩偏愛特定繼承人的贈與？還是另有其他目的？甚至是被特定繼承人唆使？將難以清楚地判斷，因此在長輩過世後，勢必引起其他繼承人的不滿及疑惑，甚至可能進而成為繼承人之間糾紛的導火線。

要處理其他繼承人對於遺產規劃的質疑，就要先釐清遺產分配的基礎方向，甚至謀求透明和公平。如同本書先前所提及的，除非繼承人之間另有達成遺產分配的協議，否則遺產的分配原則上回歸到《民法》第1144條的分配原則。但在《民法》第1144條的分配原

則下，仍然有幾種常見類型的特殊狀況要多加注意。


## 遺產分配的特殊狀況一、歸扣

　　第一個特殊狀況為「歸扣」。依據《民法》第1173條前段規定：如果在繼承開始前某位繼承人因「結婚、分居或營業」，已經從被繼承人那裡受有財產，則應將該贈與價額加入繼承開始時被繼承人所有的財產中，成為應繼遺產。換句話說，長輩在生前如果有明確表示因為結婚、分居或營業的因素而贈與繼承人特定財產，這類型的財產無論贈與了多少年，都應該被計算回遺產總額中[65]。此外，《民法》第1173條後段也有除外規定：被繼承人於贈與時有反對之意思表示者，不在此限。綜合而言，如果在長輩贈與財產給繼承人時，明確地表示是因為繼承人結婚、分居或營業的因素而贈與特定財產，而且留有證據可以證明，長輩在贈與時也沒有特別排除《民法》第1173條歸扣的適用，則此類型贈與的金額仍應計入遺產總額中，並依《民法》第1173條第2項的規定，從這位繼承人的繼承可得金額範圍內扣除。


## 遺產分配的特殊狀況二、遺囑

　　第二個特殊狀況則是「有遺囑」。如果被繼承人生前留有合法做成的遺囑，依《民法》第1165條規定，遺產的分配將優先依據遺囑上所寫的方式處理。因此，長輩過世後尋找有無留下的遺囑為首

要確認的事項，這部分本書將隨後說明。但要注意的是，如果遺囑內容涉及遺產範圍以外的內容，例如：在遺囑中提到如何處理已經贈與子女的不動產，因為贈與出去的財產早就已經成為繼承人個人的財產，遺囑本身無法把過往贈與出去的東西取回成為遺產，因此這部分的遺囑就會變成無效。

## 遺產分配的特殊狀況三、借名登記及借貸

最後一種特殊情況則是「**借名登記及借貸**」。常見的情形是，長輩委託子女代為保管財產、代為處理事務，以及一些節稅考量的作為等，因此暫時將財產登記在特定子女名下。例如：父親生前委託特定子女協助興建房屋，所以暫時將房屋起造人登記為這名子女，使其成為新成屋的登記名義人，在這類情形下，這些財產雖然名義上是特定一位繼承人所有，但是實際上仍然屬於被繼承人的財產，應該由全體繼承人一起繼承，而不是由這位名義上掛為所有人的子女接收。

不過，實務上借名登記的爭議經常面臨證據不足的問題。依據《民法》第759條之1規定：「不動產物權經登記者，推定登記權利人適法有此權利。」以及《民法》第944條規定：「占有人推定其為以所有之意思，善意、和平、公然及無過失占有。」因此，無論是動產或不動產、不動產登記名義人或動產持有人，法律特別優惠地認定這些人合法擁有財產。因此，如果要在訴訟上主張借名登記或借貸的話，必須要有充分的證據顯示有借名登記或借貸關係的存

在，例如：提出這位繼承人自己承認是借名持有或借貸的書信或錄音；金額較大的財產最好提出價款由誰支付，以及水電費、地價稅等維持費用平常由誰繳納，以此間接推知借名登記關係的存在。這種爭議雖然常見，但是成功主張的機率卻不高，尤其父母生前在規劃財產時，通常不會預想到自己的子女有意侵吞遺產，其他子女基於禮貌及尊重父母，現實上也少有過問父母的財產安排，因此進行借名時罕見會特別留下證據，進而在父母離世後，其他繼承人沒有充分的證據佐證，不容易保護自己的權益。

## 遺囑遭到其他家族成員質疑時，該如何確保自身權益？

至於遺囑在法律實務上最常見的爭執點，莫過於遺囑的要件是否符合，以及遺囑的有效性。如果長輩在生前並沒有向繼承人透露過遺囑的存在，一旦遺囑剝奪特定繼承人的權利太多，繼承人之間將不免對於遺囑的要件及有效性發生爭執，不可不慎。

### 所立遺囑不符合法律規定

遺囑要件非常嚴格，不符合《民法》第1190條到第1198條規定要件者，將致使遺囑無效，所以想透過立遺囑來傳承的人，應找具有充分經驗的律師協助。舉例而言，依據新聞報導[66]，一名婦人原本

希望將價值三千萬的房子用遺囑的方式留給孫子，所以委託律師協助處理遺囑撰寫事宜，然而律師沒有注意到應讓婦人親自簽名，結果導致整份遺囑無效。因此，就算是律師協助撰擬遺囑，如果律師無充分經驗或未注意，都可能導致完成的遺囑無效。反過頭來，民眾一般不會經常寫遺囑，草擬的遺囑沒有達到法定要件的案例也不在少數，所以一旦發現被繼承人留有遺囑，應立刻先尋求律師協助，確認遺囑是否符合法律要件。（關於擬定遺囑的規定請參閱第1章 LESSON 2）

## 遺囑遭到偽造

　　經過律師確認遺囑符合法律要件後，還有幾個導致遺囑無效的事由。第一種導致遺囑無效的事由是遺囑遭到偽造。法官或律師雖然具有法律專業，但是對於筆跡是否相同仍非筆跡鑑定專家，除非字跡明顯差異很大，否則一般而言要確認遺囑是否為被繼承人親簽，仍然需要透過筆跡鑑定的方式處理。

　　雖然坊間有筆跡鑑定的單位可以協助鑑定（俗稱私鑑定），但由於私鑑定不免遭致諸如「花錢買報告」的批評，因此如果要在法庭上被採信的話，法院原則上仍然會囑託公家單位辦理筆跡鑑定。換句話說，遺囑筆跡鑑定的結果將會直接影響遺囑真偽的訴訟成敗，因此在整理遺物時，盡可能地保留被繼承人生前的簽名、筆跡，例如：筆記本、便籤、工作草稿等，此舉將有利於未來鑑定的準確性，再小的文件都可能成為官司勝敗的關鍵。

值得注意的是，依《民法》第1145條第1項第4款規定，如果繼承人偽造遺囑，該繼承人將完全喪失繼承權。儘管，偽造遺囑是非常嚴重的違法行為，至今偽造遺囑的情況也不多見，但對於遺囑是否遭偽造仍然值得留心注意。

## 立遺囑人立遺囑時缺乏遺囑能力

第二種導致遺囑無效的情況則是，遺囑作成時被繼承人沒有辦法表達出自己的意思，法律上稱為「缺乏遺囑能力」。舉例而言，如果被繼承人在生前有失智或欠缺意識的情況，此時就算作成遺囑，因為無法確保是立遺囑人的真意，法律上認為遺囑無效。不過實際情況是，立遺囑人如果長期失智或欠缺意識，一般人可以理解這類型的被繼承人已經無法作成遺囑，偽造遺囑的情況明顯，也比較不會有爭議，所以實務上發生的案例，比較聚焦於立遺囑人意識「時好時壞」的狀況。

上述情況如果進入到法院，法院一般會傳喚照顧者及醫事人員等，以釐清在作成遺囑當時，立遺囑人到底有沒有作成遺囑的意思能力，因此攻防會聚焦在日常可否正常活動、有無能力繼續經營公司等，甚至就醫事人員的鑑定報告或證詞進行深度的攻防。

## 專業協助、財務耐受度也是關鍵

一般而言，上述二種情況的爭執，包括遺囑是否偽造？立遺囑

人有沒有遺囑能力？都是繼承人之間爭執所在，劇烈到了近乎撕破臉的階段，加上無論是筆跡鑑定、意思能力的判斷、醫療鑑定結果的攻防都涉及專業領域，必須透過法院鑑定釐清，因此必須做好訴訟的心理準備，此時若能尋求到領域專業人士的協助會是一大助力。

再者，在進行遺囑訴訟時，也應該隨時注意遺產的狀況，如果發現部分否認遺囑的繼承人有開始規劃移轉遺產、甚至開始隱匿遺產的情況時，可以向法院聲請如假扣押、假處分等保全處分，扣住現金或財產，禁止特定人惡意脫產或隱匿財產的行為。

不過，一般而言，法院在准許假扣押、假處分時，傾向以總假扣押金額的1/3作為擔保金，並要求聲請保全處分的一方將擔保金放在法院長達數年，因此如果演變成全面開戰的情況，具備充分的資金後援和一定的財務耐受度，當然也是相當必要的考量關鍵。

## 是否執行遺囑？

一般而言，由於遺產內容愈多，遺產訴訟就會愈複雜，連帶導致法院審理進度放緩，而且法律成本，例如：裁判費、律師費等費用也相應增加，甚至在爭議期間，不動產也可能因為繼承人之間無法達成協議而無法使用或出租取得收益。因此，通常在進入法院進行遺囑及遺產訴訟前，律師會先建議和解，如果和解未果後進入法院程序，多數情況也會讓案件當事人先嘗試調解，不僅以和為貴，

又可以少花錢。

在一般遺產分配案件時，由於《民法》規定了每位繼承人的分配比例，因此這種類型的協商通常會聚焦在個別財產應如何分配給繼承人，但是在存有有效遺囑的情況下則會有些差異，因為有效遺囑可能改變原有《民法》的分配比例，又或者遺囑已經對特定遺產有所規劃，因此讓協商的重點從原本的個別財產分配，上升到連分配比例是否公平都要一併考量進去，進而導致談判過程更加複雜。

進一步而言，連臺灣法院及行政機關對於被繼承人存有遺囑的情況下，繼承人有無選擇不執行遺囑而改採自行協議分割的看法都不一致。行政機關實務上傾向認為有必要尊重被繼承人生前的意願，所以必須執行遺囑[67]，法院判決中也存在不少不過問有無遺囑存在，只要全體繼承人協議完成亦無不可的案例[68]。因此，如果遇到遺產爭議，及時尋求專業律師協助支援介入，引入法律上較為可行的協商方案，盡可能地避免法律風險，並且透過法院調解程序等方式，使雙方協商內容可以有效地執行，這些相關知識是完善解決遺產爭議的重要學習課題。

資料來源／參考文獻

1. 維基百科網站，https://zh.wikipedia.org/wiki/%E4%B9%96%E4%B9%96（最後瀏覽日期：10/30/2023）。

2. 商業周刊（2018），〈乖乖家變：食品老廠接班歹戲重演〉，https://finance.ettoday.net/news/1331168（最後瀏覽日期：10/30/2023）。

3. 商業周刊（2018），〈乖乖家變：食品老廠接班歹戲重演〉，https://finance.ettoday.net/news/1331168（最後瀏覽日期：10/30/2023）。

4. 商業周刊（2018），〈乖乖家變：食品老廠接班歹戲重演〉，https://finance.ettoday.net/news/1331168（最後瀏覽日期：10/30/2023）。

5. 台北市商業處常見問答網站，「擔任董事、監察人、股東有何資格限制？」，https://www.tcooc.gov.taipei/News.aspx?n=AF9B8A86EC14B3FA&sms=87415A8B9CE81B16&_CSN=F5FD12E3737F28DA&page=3&PageSize=20（最後瀏覽日期：10/31/2023）。

6. 經濟部統計處網站，「現有公司登記家數-按組織別分」，https://dmz26.moea.gov.tw/GA/common/Common.aspx?code=F&no=1（最後瀏覽日期：08/15/2024）。

7. 黃帥升（2023），〈家族企業傳承之道-先有制度、才能傳承〉，《萬國法律雜誌》，251期，頁80-83。

8. 經濟日報（2022），〈宏碁父子談接班 施振榮：與妻拚一輩子就盼子孫和諧〉，https://money.udn.com/money/story/5612/6858624（最後瀏覽日期：10/31/2023）。

9. 萬國法律事務所（2022），《問鼎》，頁170-283，遠見天下文化出版股份有限公司出版。

10. 黃帥升（2023），〈家族企業傳承之道-先有制度、才能傳承〉，《萬國法律雜誌》，251期，頁80-83。

11. 黃帥升（2023），〈家族企業傳承之道-先有制度、才能傳承〉，《萬國法律雜誌》，251期，頁80-83。

12. 萬國法律事務所（2022），《問鼎》，頁240-250，遠見天下文化出版股份有限公司出版。

13. 黃帥升（2023），〈家族企業傳承之道-先有制度、才能傳承〉，《萬國法律雜誌》，251期，頁80-83。

14. 范瑞華、李仲昀、原猷（2021），〈建構我國家族信託發展法制及稅制環境之相關研究〉，「中華民國信託業商業同業公會」委外研究報告（未出版），載於https://www.trust.org.tw/upload/1101200000001.pdf。

15. 經濟日報（2022），〈宏碁父子談接班 施振榮：與妻拚一輩子就盼子孫和諧〉，https://money.udn.com/money/story/5612/6858624（最後瀏覽日期：31/10/2023）。

16. 黃帥升（2023），〈家族企業傳承之道-先有制度、才能傳承〉，《萬國法律雜誌》，251期，頁80-83。

17. 經濟日報（2022），〈宏碁父子談接班 施振榮：與妻拚一輩子就盼子孫和諧〉，https://money.udn.com/money/story/5612/6858624（最後瀏覽日期：10/31/2023）。

18. 黃帥升（2023），〈家族企業傳承之道-先有制度、才能傳承〉，《萬國法律雜誌》，251期，頁80-83。

19. 財訊（2021），〈高雄大未來3〉擁地萬坪 揭開高雄五大地主神祕面紗〉，https://www.wealth.com.tw/articles/a110bb92-7f1d-4e05-b166-220ac3dda47b（最後瀏覽日期：08/14/2023）。

20. 工商時報（2022），〈花仙子王佳郁專訪〉淡化家族企業色彩 引進專業經理人〉，https://www.ctee.com.tw/news/20220307700172-430505（最後瀏覽日期：08/14/2023）。

21. 鏡週刊（2017），〈【老店姊弟翻臉】姊告弟掏空 上海老天祿爆家族內訌〉，https://www.mirrormedia.mg/story/20170711inv001（最後瀏覽日期：08/14/2023）。

22. 朱德芳（2018），〈雙層股權結構之分析—以上市櫃公司為核心〉，《月旦法學雜誌》，274期，頁158-194。

23. 《公司法》第173條之1第1項：「繼續3個月以上持有已發行股份總數過半數股份之股東，得自行召集股東臨時會。」

24. 《公司法》第173條：「（第一項）繼續1年以上，持有已發行股份總數3％以上股份之股東，得以書面記明提議事項及理由，請求董事會召集股東臨時會。（第二項）前項請求提出後15日內，董事會不為召集之通知時，股東得經主管機關許可，自行召集。（第三項）依前二項規定召集之股東臨時會，為調查公司業務及財產狀況，得選任檢查人。（第四項）董事因股份轉讓或其他理由，致董事會不為召集或不能召集股東會時，得由持有已發行股份總數3％以上股份之股東，報經主管機關許可，自行召集。」

25. 《公司法》第192條之1第3項：「持有已發行股份總數1％以上股份之股東，得以書面向公司提出董事候選人名單，提名人數不得超過董事應選名額；董事會提名董事候選人之人數，亦同。」

26. 《公司法》第214條第1項：「（第一項）繼續6個月以上，持有已發行股份總數1％以上之股東，得以書面請求監察人為公司對董事提起訴訟。(第二項) 監察人自有前項之請求日起，30日內不提起訴訟時，前項之股東，得為公司提起訴訟；股東提起訴訟時，法院因被告之申請，得命起訴之股東，提供相當之擔保；如因敗訴，致公司受有損害，起訴之股東，對於公司負賠償之責。」

27. 《公司法》第245條第1項：「繼續6個月以上，持有已發行股份總數1％以上之股東，得檢附理由、事證及說明其必要性，聲請法院選派檢查人，於必要範圍內，檢查公司業務帳目、財產情形、特定事項、特定交易文件及紀錄。」

28. 商業周刊（2023），〈泰山變天！龍邦終結70年詹家掌權 全家、街口案將成未爆彈？〉，https://www.businessweekly.com.tw/business/blog/3012465（最後瀏覽日期：08/14/2023）。

29. 財訊（2023），〈泰山變天！詹家如何一路斷送經營權？龍邦朱國榮入主 立馬面臨3大挑戰〉，https://www.wealth.com.tw/articles/1be8b720-f3fb-4b37-9085-0413670cea00（最後瀏覽日期：08/14/2023）。

30. 《證券交易法》第22條之2：「（第一項）已依本法發行股票公司之董事、監察人、經理人或持有公司股份超過股份總額10％之股東，其股票之轉讓，應依左列方式之一為之：一、經主管機關核准或自申報主管機關生效日後，向非特定人為之。二、依主管機關所定持有期間及每一交易日得轉讓數量比例，於向主管機關申報之日起3日後，在集中交易市場或證券商營業處所為之。但每一交易日轉讓股數未超過1萬股者，免予申報。三、於向主管機關申報之日起3日內，向符合主管機關所定條件之特定人為之。（第二項）經由前項第三款受讓之股票，受讓人在1年內欲轉讓其股票，仍須依前項各款所列方式之一為之。（第三項）第一項之人持有之股票，包括其配偶、未成年子女及利用他人名義持有者。」

31. 《證券交易法》第2章第2節有價證券之收購。

32. 《證券交易法》第175條第一項。

33. 臺灣高等法院104年度金上更(一)字第5號民事判決。

34. 《公司法》第175條之1：「（第一項）股東得以書面契約約定共同行使股東表決權之方

式，亦得成立股東表決權信託，由受託人依書面信託契約之約定行使其股東表決權。（第二項）股東非將前項書面信託契約、股東姓名或名稱、事務所、住所或居所與移轉股東表決權信託之股份總數、種類及數量於股東常會開會30日前，或股東臨時會開會15日前送交公司辦理登記，不得以其成立股東表決權信託對抗公司。（第三項）前二項規定，於公開發行股票之公司，不適用之。」

35. 《公司法》第356條之9：「（第一項）股東得以書面契約約定共同行使股東表決權之方式，亦得成立股東表決權信託，由受託人依書面信託契約之約定行使其股東表決權。（第二項）前項受託人，除章程另有規定者外，以股東為限。（第三項）股東非將第一項書面信託契約、股東姓名或名稱、事務所、住所或居所與移轉股東表決權信託之股份總數、種類及數量於股東常會開會30日前，或股東臨時會開會15日前送交公司辦理登記，不得以其成立股東表決權信託對抗公司。」

36. 《企業併購法》第10條：「（第一項）公司進行併購時，股東得以書面契約約定其共同行使股東表決權之方式及相關事宜。（第二項）公司進行併購時，股東得將其所持有股票移轉予信託公司或兼營信託業務之金融機構，成立股東表決權信託，並由受託人依書面信託契約之約定行使其股東表決權。（第三項）股東非將前項書面信託契約、股東姓名或名稱、事務所或住（居）所與移轉股東表決權信託之股份總數、種類及數量於股東常會開會30日前，或股東臨時會開會15日前送交公司辦理登記，不得以其成立股東表決權信託對抗公司。（第四項）前項情形，公開發行股票公司之股東應於股東常會開會60日前，或股東臨時會開會30日前為之。」

37. 最高法院106年度台上字第2329號民事判決：「當事人締結之股東表決權拘束契約，除符合《公司法》第175條之1、第356條之9，或《企業併購法》第10條規定，依法為有效外，倘締約目的與上開各規定之立法意旨無悖，非以意圖操控公司之不正當手段為之，且不違背公司治理原則及公序良俗者，尚不得遽認其契約為無效。」

38. 最高法院109年度台上字第2482號民事判決。

39. 臺灣高等法院105年度金訴字第2號民事判決：「劉東易辯稱僅是人頭董事長，無權過問公司經營云云；黃國忠亦辯稱僅當了幾次董事，每次開會只領2萬元，很少開會云云，仍無礙於彼等為聯明公司負責人，有前揭違反公司法第23條第1項規定之事實，依法仍應負賠償責任。」

40. 最高法院87年度台上字第1556號民事判決（節錄）：「代位繼承係以自己固有之繼承權直接繼承祖之遺產，並非繼承父或母之權利，孫對於祖之遺產，有無代位繼承之資格，自應以祖之繼承開始為標準，而決定之，故對父或母之遺產拋棄繼承，不能即謂對祖之遺產拋棄代位繼承。」

41. 《刑法》第335條第1項：「意圖為自己或第三人不法之所有，而侵占自己持有他人之物者，處5年以下有期徒刑、拘役或科或併科3萬元以下罰金。」

42. 《刑法》第210條：「偽造、變造私文書，足以生損害於公眾或他人者，處5年以下有期徒刑。」《刑法》第216條：「行使第210條至第215條之文書者，依偽造、變造文書或登載不實事項或使登載不實事項之規定處斷。」

43. 最高法院111年度台上字第1451號刑事判決（節錄）：「本人死亡時，倘未經被繼承人之全體繼承人同意，即以被繼承人名義製作取款憑條，提領被繼承人帳戶內之存款，其行為自有足生損害於其餘繼承人之虞，客觀上固與行使偽造私文書罪之構成要件形式該當，惟行為人主觀認知為何，亦須予以考慮。因此，行為人未經全體繼承人同意以遺產支付被繼承人之必要醫療費或喪葬費，倘涉及刑事責任時，除應考慮各種實際情況外，並應依行為人之社會地位、能力、智識程度及有無民法上無因管理、委任關係不因當事人一方死亡而消滅等一切因素納入考量，以判斷行為人主觀上是否有犯罪之故意、有無意識其行為之違法且能否避免等情。」

44. 財政部稅務入口網網站，https://www.etax.nat.gov.tw/etwmain/tax-info/house-land-transfer-taxation-calculation-area/inheritance/file-process（最後瀏覽日期：02/04/2024）。

45. 《民法》第1174條：「（第一項）繼承人得拋棄其繼承權。（第二項)前項拋棄，應於知悉其繼承之時起3個月內，以書面向法院為之。（第三項)拋棄繼承後，應以書面通知因其拋棄而應為繼承之人。但不能通知者，不在此限。」

46. 《民法》第244條：「（第一項）債務人所為之無償行為，有害及債權者，債權人得聲請法院撤銷之。（第二項）債務人所為之有償行為，於行為時明知有損害於債權人之權利者，以受益人於受益時亦知其情事者為限，債權人得聲請法院撤銷之。（第三項）債務人之行為非以財產為標的，或僅有害於以給付特定物為標的之債權者，不適用前二項之規定。（第四項）債權人依第一項或第二項之規定聲請法院撤銷時，得並聲請命受益人或轉得人回復原狀。但轉得人於轉得時不知有撤銷原因者，不在此限。」

47. 《民法》第828條第3項：「公同共有物之處分及其他之權利行使，除法律另有規定外，應得公同共有人全體之同意。」但應注意，如果公同共有之物屬「土地或建築改良物」時，則可另依《土地法》第34條之1第5項準用同條第1項至第4項關於多數決之規定加以處分；《土地法》第34條之1第1項至第4項：「（第一項）共有土地或建築改良物，其處分、變更及設定地上權、農育權、不動產役權或典權，應以共有人過半數及其應有部分合計過半數之同意行之。但其應有部分合計逾2/3者，其人數不予計算。（第二項）共有人依前項規定為處分、變更或設定負擔者，應事先以書面通知他共有人；其不能以書面通知者，應公告之。（第三項）第一項共有人，對於他共有人應得之對價或補償，負連帶清償責任。於為權利變更登記時，並應提出他共有人已為受領或為其提存之證明。其因而取得不動產物權者，應代他共有人申請登記。（第四項）共有人出賣其應有部分時，他共有人得以同一價格共同或單獨優先承購。」

48. 《民法》第828條第2項：「第820條、第821條及第826條之1規定，於公同共有準用之。」第820條：「（第一項）共有物之管理，除契約另有約定外，應以共有人過半數及其應有部分合計過半數之同意行之。但其應有部分合計逾2/3者，其人數不予計算。依前項規定之管理顯失公平者，不同意之共有人得聲請法院以裁定變更之。（第二項）前二項所定之管理，因情事變更難以繼續時，法院得因任何共有人之聲請，以裁定變更之。（第三項）共有人依第一項規定為管理之決定，有故意或重大過失，致共有人受損害者，對不同意之共有人連帶負賠償責任。（第四項）共有物之簡易修繕及其他保存行為，得由各共有人單獨為之。」

49. 《民法》第831條：「本節規定，於所有權以外之財產權，由數人共有或公同共有者準用之。」

50. 《民法》第823條：「（第一項）各共有人，除法令另有規定外，得隨時請求分割共有物。但因物之使用目的不能分割或契約訂有不分割之期限者，不在此限。（第二項）前項約定不分割之期限，不得逾5年；逾5年者，縮短為5年。但共有之不動產，其契約訂有管理之約定時，約定不分割之期限，不得逾30年；逾30年者，縮短為30年。（第三項）前項情形，如有重大事由，共有人仍得隨時請求分割。」

51. 《民法》第828條第2項：「第820條、第821條及第826條之1規定，於公同共有準用之。」第826條之1：「（第一項）不動產共有人間關於共有物使用、管理、分割或禁止分割之約定或依第820條第1項規定所為之決定，於登記後，對於應有部分之受讓人或取得物權之人，具有效力。其由法院裁定所定之管理，經登記後，亦同。（第二項）動產共有人間就共有物為前項之約定、決定或法院所為之裁定，對於應有部分之受讓人或取得物權之人，以受讓或取得時知悉其情事或可得而知者為限，亦具有效力。（第三項）共有物應有部分讓與時，受讓人對讓與人就共有物因使用、管理或其他情形所生之負擔連帶負清償責任。」

52. 土地登記規則第155條之1：「（第一項）共有人依《民法》第826條之1第1項規定申請登記者，登記機關應於登記簿標示部其他登記事項欄記明收件年月日字號及共有物使用、管理、分割內容詳共有物使用管理專簿。（第二項）共有人依民法第820條第1項規定所為管理之決定或法院之裁定，申請前項登記時，應於登記申請書適當欄記明確已通知他共有人並簽名；於登記後，決定或裁定之內容有變更，申請登記時，亦同。」第155條之3：「登記機關依前二條規定辦理登記後，應就其約定、決定或法院裁定之文件複印裝訂成共有物使用管理專簿或土地使用收益限制約定專簿，提供閱覽或申請複印，其提供資料內容及申請人資格、閱覽費或複印工本費之收取，準用第24條之1及《土地法》第79條之2規定。」

53. 最高法院85年度台上字第53號民事判決（節錄）：「分管契約，係共有人就共有物之使用、收益或管理方法所訂定之契約，而共有人請求分割共有物，應解為有終止分管契約之意思。是系爭土地之分管契約，已因被上訴人提起本件分割共有物訴訟，而當然終止。且分管契約與協議分割契約不同，前者以共有關係繼續存在為前提，後者以消滅共有關係為目的，故裁判上分割共有土地時，並非必須完全依分管契約以為分割，而應斟酌土地之經濟上價值，並求各共有人分得土地之價值相當，利於使用。」

54. 最高法院105年度台上字第849號民事裁定（節錄）：「又共有土地雖由共有人分管使用，然共有人分管之事實狀態，不過為共有人一定使用之暫時狀態，而共有人請求分割共有物，即係終止分管契約之意思，法院為裁判分割時，雖宜顧及分管狀態，但不得因此據為決定分割方法之唯一標準。被上訴人所提第一審判決附圖（下稱附圖）甲案所示分割方案（陳○○、黃陳○○同意採此案），與上訴人所提附圖乙案所示分割方案，均能保留黃陳○○所有編號D、E建物及被上訴人所有編號J建物。附圖甲案所示分割方法，雖將使上訴人所共有編號H建物及毗鄰建物有部分遭拆除，惟該部分建物屋齡逾五十年，現已荒廢無人居住，且H建物現僅存磚牆，並無屋頂，尚無必須保存之必要。而依附圖乙案所示分割方案，將導致上訴人分得之土地（總計二五三‧六平方公尺）多出渠等應有部分比例所換算之面積（一五五‧九六平方公尺）甚多（多出九七‧六四平方公尺），對被上訴人較為不利。再者，參照附圖甲案及乙案之找補金額，上訴人所提附圖乙案之找補金額共計為新台幣（下同）二百二十萬七千六百五十四元，被上訴人所提附圖甲案之找補金額共計為八十一萬零九百零九元，可見附圖甲案找補金額較低，更能貼近兩造就系爭二筆土地之持分價值，則以附圖甲案為分割，較能符合土地應有之權利狀態。」

55. 《商標法》第63條第1項第2款：「商標註冊後有下列情形之一，商標專責機關應依職權或據申請廢止其註冊：……二、無正當事由迄未使用或繼續停止使用已滿3年者。但被授權人有使用者，不在此限。」

56. 《著作權法》第18條：「著作人死亡或消滅者，關於其著作人格權之保護，視同生存或存續，任何人不得侵害。但依利用行為之性質及程度、社會之變動或其他情事可認為不違反該著作人之意思者，不構成侵害。」

57. 《著作權法》第10條：「著作人於著作完成時享有著作權。但本法另有規定者，從其規定。」

58. 《著作權法》第30條：「（第一項）著作財產權，除本法另有規定外，存續於著作人之生存期間及其死亡後50年。（第二項）著作於著作人死亡後40年至50年間首次公開發表者，著作財產權之期間，自公開發表時起存續10年。」

59. 《營業秘密法》第2條：「本法所稱營業秘密，係指方法、技術、製程、配方、程式、設計或其他可用於生產、銷售或經營之資訊，而符合左列要件者：一、非一般涉及該類資訊之人所知者。二、因其秘密性而具有實際或潛在之經濟價值者。三、所有人已採取合理之保密措施者。」

60. 謝銘洋（1999），〈營業秘密之保護與管理〉，經濟部智慧財產局網站，https://www.tipo.gov.tw/ tw/cp-7-207076-de87f-1.html（最後瀏覽日期：02/03/2024）。

61. 例如，《營業秘密法》第6條：「（第一項）營業秘密得全部或部分讓與他人或與他人共有。（第二項）營業秘密為共有時，對營業秘密之使用或處分，如契約未有約定者，應得共有人之全體同意。但各共有人無正當理由，不得拒絕同意。（第三項）各共有人非經其他共有人之同意，不得以其應有部分讓與他人。但契約另有約定者，從其約定。」

62. 東森新聞網站（2018），〈一蘭拉麵最高機密 秘製醬全世界只有4人知！〉，https://news.ebc.net.tw/news/living/114193（最後瀏覽日期：02/03/2024）。

63. 臺灣高等法院110年度重家上字第3號民事判決（節錄）：「法院選擇遺產分割之方法，應具體斟酌公平原則、各繼承人之利害關係、遺產之性質及價格、利用價值、經濟效用、經濟原則及使用現狀、各繼承人之意願等相關因素，以為妥適之判決。」

64. 商業周刊（2016），〈一紙遺囑 逼長榮大房架空張國煒內幕：保命符失效！小王子成集團「一日總裁」〉，https://www.businessweekly.com.tw/Archive/Article?StrId=60937&rf=google（最後瀏覽日期：08/14/2024）。

65. 與此不同，我國《民法》在民國98年間修法以限定繼承取代無限責任繼承後，同時增定《民法》第1148條之1有關2年內所為贈與視為遺產所得，只是該條文是為了保護被繼承人的債務人，與繼承人之間的爭議並無關係，尚請讀者注意。

66. TVBS新聞網（2023），〈嬤花2萬5千找律師立遺囑 死後整份『無效』〉，https://tw.news.yahoo.com/%E5%AC%A4%E8%8A%B1%E8%90%AC5%E5%8D%83%E6%89%BE%E5%BE%8B%E5%B8%AB%E7%AB%8B%E9%81%BA%E5%9B%91-%E6%AD%BB%E5%BE%8C%E6%95%B4%E4%BB%BD-%E7%84%A1%E6%95%88-152812850.html（最後瀏覽日期：08/14/2024）。

67. 司法院21年院字第741號解釋、法務部104年6月8日法律字第10403505610號函。

68. 臺灣高等法院高雄分院103年度家上字第77號判決、臺灣高雄少年及家事法院102年度家訴字第47號判決。

「真正維繫家庭的紐帶不是血緣，而是生活中彼此的
相互尊重和歡樂。」

——李察・巴哈，經典名著《天地一沙鷗》作者

"The bond that links your true family is not one of blood,
but of respect and joy in each other's life."
— Richard Bach

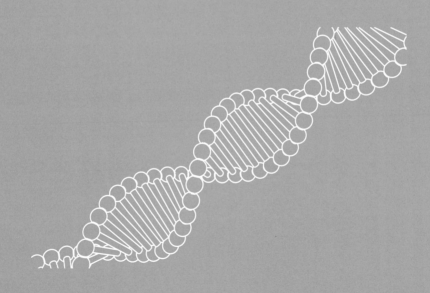

第 **4** 章

# 外姓成員、非婚生子女的正名與接班

本章重點：

- 設立境外控股公司的家族成員，在面對繼承問題時，應該依據繼承法還是《公司法》、本國法還是境外法
- 有意願接班的外姓成員，應該如何評估局勢，及早做出相應規劃
- 非婚生子女想爭取接班、取得遺產的法律做法

# 代代相傳，
# 還是代代相爭

　　隨著現代商業模式的改變，家族企業面對來自於大型企業的競爭，對外必須向市場尋求資本來擴大經營規模，對內則面臨經營階層專業化的壓力。因此，原以家族企業為主的產業傳統，一方面尋求上市櫃以擴大經營、轉型為現代化企業，另一方面又必須積極布局事業，讓家族財富代代相傳，不致分散或成為外人產業。依據2022年國內一份百大長青家族企業調查指出，臺灣1,700多家上市櫃企業中，家族企業的占比高達74％，相當於每3家上市櫃公司中，就有2家是家族企業[1]。再者，臺灣不少企業主是白手起家，儘管為了企業規模、營收成長與永續經營而將家族企業轉型為上市櫃公司，卻還是將一輩子辛苦奮鬥的大部分成果視為家族財產，希望代代相傳、不落外人田。因此，即使已經屬於上市櫃公司，甚至擁有數十萬股東，往往仍然會透過特殊的持股結構及設計，以維持實際上的家族經營模式。

此時，大多家族企業會使用第1章提及的閉鎖性控股公司或信託基金，透過持有足以控制公司經營權的股數，一方面依舊讓家族控制公司經營權，另一方面避免股權由家族個人持有，將來產生因為家族成員日益增加，恐導致各異其心而難以控制的風險。因此，即使上市資產規模在臺灣名列前茅的知名大企業，例如：長榮集團、富邦集團、國泰集團、新光集團、統一集團，在一般人眼中仍然存有家族企業的色彩。

## ◢ 繼承法還是《公司法》？ 國內法或是國外法？

不論家族企業是否為上市櫃公司，都會面臨家族第二代，甚至第三代接班的問題，但是如果家族成員之間對於財產分配或經營理念有歧見，而家族企業又是上市櫃公司，則家族內茶壺裡的風暴，每每都會變成影響股東權益的重大社會議題，成為街頭巷議的八卦談資，這也堪稱是臺灣特色的經營權爭議。這些家族傳承引起的爭議，不僅存在於手足之間，有時也會牽扯到上一代，為了爭奪經營權致使手足骨肉對簿公堂，展開可能長達十餘年都無法落幕的法律大戰，本書在前面的章節中已多有著墨，並說明許多家族企業會選擇透過設立控股公司的模式，達到永續經營、傳承資產的目的。再加上，臺灣公司經營者為了避稅或規避繁瑣的法律限制，往往會設立境外控股公司，因此企業傳承的經營權戰場，甚至會從國內延伸

至海外，從《公司法》爭到繼承法，同胞手足或骨肉至親在法庭上反目成仇，這些問題往往是企業主在傳承規劃時，始料未及的事。

為了說明境外控股公司對於家族企業傳承的影響，接下來本節將以一則案例故事，參照我國法院的判決來加以分析說明：

甲公司是由創辦人A所創辦的家族企業，A與配偶B育有長子X及次子Y。經過三、四十年的努力經營，甲公司已成為全球某原物料的最大生產製造商。A為了甲公司的長遠經營，以V國為註冊國成立境外控股公司乙，自己是乙公司唯一股東，再由乙公司持有甲公司逾半數以上股份，A的配偶B、長子X及次子Y則持有甲公司剩餘的股份。A在設立乙公司時，特別在乙公司的章程中規定：「股東死亡時，公司僅承認死亡股東之遺產管理人為股份所有人，遺產管理人如向公司提示證明死亡股東的遺產管理指派函，公司均應承認。」

此外，控股公司乙成立時，唯一股東A指派自己、X及Y三人擔任乙公司的董事，但是不論甲公司還是乙公司，都是由A大權在握，主導公司經營方針。長子X擔任甲公司的主要經理人，聽命於A執行甲公司的業務，因此A生前也常將甲公司及乙公司的業務授權予X處理，只不過X仍是遵從A的指示，並沒有實質決策權。至於次子Y則是自行創業，雖然擔任乙公司的董事，但也是聽命於A，也未參與甲公司經營，A的配偶B則是未擔任甲公司或乙公司任何職務。

好景不常，A猝逝，生前未及時安排甲公司的接班布局，X長期以來擔任甲公司主要經理人，銜A之命經營甲公司，隨即便以A的接

班人自居。但是X的經營理念與A完全相反，為了擺脫家族其他成員的影響力，X有意結束甲公司，並將公司業務逐漸移轉到自己設立的丁公司（參見圖表4-1）。

　　X先以自己為乙公司董事的身分，以及A生前多將乙公司的業務授權予其執行為由，於A過世後，自命為乙公司的代表人，代表乙公司出席甲公司的股東會。因為乙公司持有甲公司逾半數股份，故在X主導下，甲公司股東會通過多項決議，包括決議處分甲公司資產、移轉甲公司的營業乃至於通過解散甲公司的決議，X還陸續將甲公司

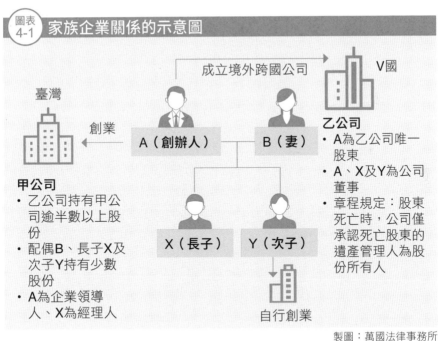

圖表 4-1 家族企業關係的示意圖

臺灣

甲公司
- 乙公司持有甲公司逾半數以上股份
- 配偶B、長子X及次子Y持有少數股份
- A為企業領導人、X為經理人

創業

A（創辦人）　　B（妻）

成立境外跨國公司　V國

乙公司
- A為乙公司唯一股東
- A、X及Y為公司董事
- 章程規定：股東死亡時，公司僅承認死亡股東的遺產管理人為股份所有人

X（長子）　　Y（次子）

自行創業

製圖：萬國法律事務所

的業務移轉至自己成立的丁公司。A的配偶B為了延續A辛苦建立的甲公司，決定與次子Y聯手合作，與X爭奪甲公司的控制權及經營權。

A的配偶B先至乙公司註冊國V國，以X未經乙公司董事會同意，自命為乙公司代表人出席甲公司股東會，利用乙公司的重要資產，即乙公司所持有的甲公司逾半數以上股份，做出諸多不利甲公司的行為，間接造成乙公司資產重大損害，包括以具有絕對優勢的表決權，在甲公司股東會通過移轉甲公司重要營業、決議處分甲公司資產，以及通過解散甲公司等不利乙公司股東的決議為由，在V國法院提起訴訟，主張X有侵害A遺產的行為，在Y的支持及配合下，請求法院裁定配偶B為A唯一的遺產管理人，並取得V國法院確定裁定：B為A遺產唯一的遺產管理人（參見圖4-2）。

B於判決次日即依據乙公司的章程、兼法院裁定的遺產管理人身分，取得A在乙公司全部的股份，再以乙公司唯一股東的身分召開乙公司股東會，解除X的乙公司董事職務，並指定自己為董事。再次日，B與Y召開董事會，決議X已非乙公司董事，無權代表乙公司行使職權，先前未經乙公司董事會決議，就代表乙公司所做出的行為均非乙公司董事會所授權，對乙公司不生效力，之後B又陸續召開乙公司股東會及董事會，決議由Y代表行使乙公司的職權，並指定非家族成員的W（甲公司老臣）代表乙公司行使甲公司的股東權。

完成上述程序後，乙公司即於我國法院，對X提起確認訴訟，請求確認「X自B召開乙公司股東會解除X在乙公司的董事職務日起，乙公司與X之間的董事委任關係不存在」，以及請求確認「X於乙公

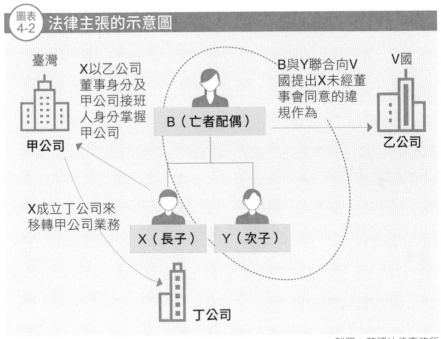

臺灣

X以乙公司董事身分及甲公司接班人身分掌握甲公司

甲公司

B與Y聯合向V國提出X未經董事會同意的違規作為

V國

乙公司

B（亡者配偶）

X成立丁公司來移轉甲公司業務

X（長子）　Y（次子）

丁公司

製圖：萬國法律事務所

司董事職務解除以後，X仍代表乙公司出席甲公司臨時股東會的代表關係不存在」，完全排除X繼續利用乙公司持有甲公司逾半數股份來控制甲公司的董事會和經營權。

　　X則在乙公司對自己提起的訴訟中，主張A死亡後，B、X及Y三人為A的全體繼承人，因此A所持有外國乙公司的股份，三人如何繼承、應如何行使，屬於涉外繼承事件，應以我國法為準據法，故A所持有的乙公司股份，應由B、X及Y三人依應繼分繼承，而且為公同

共有。

　　X主張依我國《民法》828條第3項規定，乙公司股東權利的行使應由B、X及Y三人共同為之，B未經全體繼承人同意，向V國法院聲請指定自己為A的遺產管理人，再依判決登記為乙公司唯一股東且行使股東權利，包括召開股東會解除及任命董事等，均於法不合且無效。再者，V國法院裁判違反我國專屬管轄權的規定，更何況V國不承認我國判決，因此我國法院也不應該承認V國裁判。最後，X以A生前有授權自己對外代表乙公司的權限，不因A死亡而消滅，故X仍為乙公司董事、合法代表人等理由抗辯。

## 法律爭執的關鍵——
## 要依據哪一種法律來裁決？

　　在本節的案例中，過世的甲公司創辦人A的配偶B及次子Y，為了阻止X以乙公司的董事及代表人自居，藉由行使乙公司掌握甲公司逾半的股東權，取得甲公司的控制權及經營權，因此B及Y聯手對抗X，展開爭奪乙公司及甲公司經營權和控制權的法律大戰，母子手足於公堂反目，戰場從海外延燒至國內，最後戰場就在我國法院，因此我國法院對於所涉及法律關係的見解，成為了經營權最後歸屬的最重要決定因素，以下將分成三個面向來討論：

## 一、被繼承人之外國公司股份的繼承及股東權的行使

在本節所假設的案例中，於V國註冊的境外公司乙，因為有家族企業甲公司逾半的股權，所以取得乙公司控制權及經營權的人，等於取得甲公司的控制權及經營權。因此，當A過世以後，X基於本來就負責實際執行甲公司及乙公司業務的職務之便，率先取得先機，以乙公司代表人自居，行使乙公司持有甲公司的股東權，進而取得甲公司的控制權。B及Y在X取得甲公司及乙公司的控制權及經營權後，因反對X經營甲公司的模式、經營理念和決策，決意聯手取回甲公司的控制權及經營權，為此，自然也必須從取回持有甲公司逾半數以上股份的乙公司控制權來著手（參見圖表4-3）。

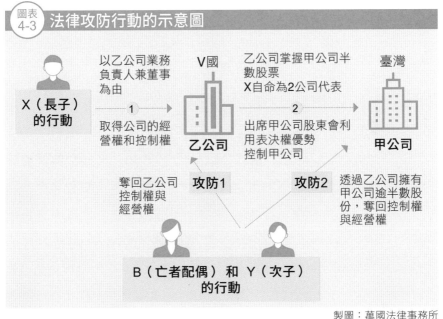

圖表 4-3 法律攻防行動的示意圖

以乙公司業務負責人兼董事為由 V國 乙公司掌握甲公司半數股票 X自命為乙公司代表 臺灣

X（長子）的行動 1 取得公司的經營權和控制權 乙公司 2 出席甲公司股東會利用表決權優勢控制甲公司 甲公司

奪回乙公司控制權與經營權 攻防1 攻防2 透過乙公司擁有甲公司逾半數股份，奪回控制權與經營權

B（亡者配偶）和 Y（次子）的行動

製圖：萬國法律事務所

以本節案例的情形，在V國註冊的乙公司，股東僅有A自己一人，A因猝逝生前未及時安排，依照我國繼承法和《涉外民事法律適用法》的規定，A死亡時具有我國國籍，則關於A過世後應由何人繼承、如何繼承A遺產的準據法，應該適用我國《民法》規定，在A的遺產未進行分割前，依我國《民法》第1151條及1152條規定，A的乙公司股份為B、X及Y公同共有，得由三人中互推一人管理，但是處分或其他權利的行使，依《民法》第828條第3項規定，應有公同共有人全體同意。至於財產管理行為，則是依《民法》第828條第2項準用同法第820條第1項規定，得以多數決行之。

同時，我國最高法院認為，行使公同共有股票的表決權並非管理行為，而是公同共有財產權的其他權利行使行為[2]，因此應該準用同法第828條第3項的規定，經公同共有人全體同意才可以為之。因此，如果A擁有的乙公司股份是依我國《民法》關於繼承及公同共有關係來決定其歸屬及表決權行使方式，以B、Y與X的關係，在A的遺產未經分割而解消三人的乙公司股份公同共有關係之前，A遺留下來的股東權，在三人不可能有共同意見的情形下，會立即陷於完全無從行使的窘境。

但至少可以確定的是，本案例如果是依我國《民法》關於繼承的規定，於V國法院認定B得以A限制性遺產管理人身分，「在A死亡後登記為乙公司唯一股東、以乙公司唯一股東身分行使股東權利」的判決，已經違反我國《民法》關於繼承及公同共有權利行使的規定。換句話說，本節案例中，「A所持有的乙公司股份，在A過

世後如何分配？如何行使股東權？」的爭議，如果認為性質上為繼承爭議事件，則依我國《涉外民事法律適用法》規定，應該適用我國法律的結果，B依據V國法院裁定「登記為乙公司唯一股東、並召開股東會解任X在乙公司的董事職務、再指定自己為乙公司董事」的行為，皆有可能被我國法院認定無效，進而影響到B及Y無法取得甲公司的控制權和經營權。

## 二、境外設立的乙公司章程規定極為關鍵

但是，在本節案例中，A的配偶B之所以可以請求V國法院裁定配偶B為A的遺產管理人，並於取得V國法院裁定後，以A遺產管理人身分，於A死亡後登記為乙公司唯一的股東，主要關鍵在於乙公司章程的規定。甲公司是A畢生心血、最重要的家族資產，因此在境外設乙公司來持有逾半數以上的甲公司股份時，特別規劃安排自己是乙公司的唯一股東，顯然考量了如何避免日後甲公司及其控股公司乙的股權分散、後代不能團結意見分歧而影響公司營運，A希望由自己主導及控制整個家族企業傳承的意圖極為明顯。因此，乙公司的章程特別規定：股東死亡時，公司僅承認死亡股東的遺產管理人為股份所有人，向公司提示證明死亡股東的遺產管理指派函時，公司均應承認，以確保即使A過世，A持有乙公司100％的股份不會分散，而且可以經由生前指定遺產管理人，將乙公司及甲公司的經營權和控制權交付予A指定的家族企業接班人。只不過人算不如天算，A因猝逝而未及時指定遺產管理人，後因A的繼承人之間就家族企業

經營產生歧見，無法協議產生遺產管理人，最終導致A遺留的乙公司股份所有權歸屬產生爭議。

當B在發現X未能秉持A的精神經營甲公司，甚至想解散甲公司後，以X對A的遺產管理行為損害其他繼承人的利益為由，在Y的配合下向乙公司註冊國V國的法院起訴，請求法院裁定B為A的遺產管理人，於取得法院勝訴判決後，持法院判決依據乙公司章程規定，登記B為A持有乙公司全部股份的唯一所有人，再以乙公司唯一股東身分召開股東會，解除X在乙公司的董事職務，並委任自己為乙公司董事。由此可知，B之所以能取得A擁有乙公司全部的股份、獨立行使乙公司股東權，乙公司章程的規定實為重要關鍵。


## 三、依《公司法》？還是依繼承法？

分析至此，可以看出A在生前確實有心維繫家族企業的股權及控制權不致分散，為了家族企業的傳承，採用了目前我國很多家族企業在海外設立控股公司的做法。另外，也透過控股公司的章程規定，試圖避免股權及控制權分散，儘管最後仍無法避免繼承人之間經營理念的歧見，導致最後骨肉反目、手足互控的局面。然而，最終卻因為控股公司是依外國法設立的境外公司，使得A遺產中乙公司的股份及股東權應如何行使，竟然發生外國法院判決可能與我國法律適用互相扞格的結果。

以本節案例而言，雙方最終在意的，仍然是設立在本國甲公司

的經營權及控制權，如果依照V國法院根據V國法律做出的裁定，以及乙公司章程規定，由B行使乙公司全部股東權，甲公司的經營權及控制權顯然可以由B主導。但是，如果依照我國《民法》相關繼承規定，B無法解除X在乙公司的董事職務，在B和Y聯手與X分庭抗禮的情況下，乙公司雖然持有甲公司逾半數以上的股份，但是股東權無法行使，一時之間，B和Y也很難主導甲公司的經營，進而取得控制權。因此，B才會選擇先在V國變更乙公司董事及代表人後，以乙公司名義在我國法院起訴確認「X自B召開乙公司股東會、解除X在乙公司的董事職務當日起，乙公司與X之間的董事委任關係不存在」，以及請求確認「X於乙公司董事職務解除以後，X仍然代表乙公司出席甲公司臨時股東會的代表人關係不存在」。B及Y所採取的行動，都是為了取得甲公司經營權及控制權，是避免A創立的甲公司被解散的最重要、也是最後的一步。

B取得V國有利裁定後，接下來的關鍵就在於我國法院是否承認他是乙公司唯一股東？或是A持有乙公司100%的股份，已由B、X及Y三人繼承，而且在分割前為三人公同共有？簡單地說，關於乙公司股東究竟是誰，我國法院會依事件是《公司法》之爭議還是繼承法之爭議來判斷。

關於這個問題，最高法院107年度台上字第1681號判決認為，在確認法律關係存在與否的確認訴訟中，縱使必須仰賴其他法律關係作為先決條件，但是作為先決條件的法律關係所應適用的法律，仍然和起訴請求確認的法律關係所應適用的法律，要分別討論，不可

混為一談。從而，基於原告提起的訴訟是，確認被告與外國公司之間的董事委任關係，以及被告的外國公司代表關係均不存在的確認訴訟，涉及的法律關係爭議乃外國公司的內部關係，依我國《涉外民事法律適用法》第13條及第14條規定，關於外國法人的內部事項應適用其本國法，而法人是以其設立所依據之法律為其本國法，進而認定應以外國法為確認之訴的準據法。

　　根據上述最高法院判決所認定的準據法適用原則，臺灣高等法院108年度上更一字第108號判決中表明，判斷某境外公司的董事委任關係是否存在、代表關係是否存在，也就是境外公司如何認定其股東、股東如何授予公司代表權的法人內部關係，應該依《涉外民事法律適用法》第13條、第14條第9款來決定，適用該境外公司的設立國法律，也就是該境外公司唯一股東過世後的股份所有權，排除適用我國《民法》相關繼承規定，故認定並非由全體繼承人公同共有，反而基於其中某位繼承人已依照該外國公司的本國法取得遺產管理人身分，得依據公司章程規定，在被繼承人過世後由該名繼承人單獨登記為被繼承人全部股份的所有人，從而認定該外國公司股東僅有一人，進而解決該外國公司董事委任關係或代表關係是否存在的問題。

　　因此，如果按照上述最高法院和臺灣高等法院判決的見解，本節案例中，B先取得V國法院的裁定、登記為乙公司的唯一股東，然後解除X的乙公司董事職務和代表關係，再向我國法院提起確認訴訟的爭議，也會被認為是乙公司內部關係的爭議，應依《涉外民事法

律適用法》第13條、第14條第9款規定，應適用V國的法律。因為B已經由V國法院裁定取得A遺產管理人的身分，並持V國法院裁定依乙公司章程登記自己為乙公司唯一的股東，進而召開股東會解除X在乙公司的董事職務，則我國法院將因適用V國法律的結果，確認X的乙公司董事職務已被乙公司股東會解除，X也不能以乙公司代表的身分出席及主導甲公司的股東會，反而B因為自己是乙公司唯一的股東，並指定自己和Y是乙公司的董事，可以聯合Y主導乙公司及甲公司的董事會組成及公司營運，進而取得家族企業甲公司的經營權。

# 境外公司的利與弊

境外控股公司是家族傳承時常見的使用工具，不過透過上述案例可以得知，這不是一顆萬靈丹，當遺產發生爭議時，還是有法律上風險，對此，本節提供兩點應該注意的細項：

## 一、設立境外控股公司應審慎制定公司章程，並對註冊國法令有充分認識

臺灣的家族企業之所以熱衷設立海外控股公司，主要基於避稅、避免公司控制權分散、以此集中持有家族企業的股權等原因。然而，未來一旦設立者或家族企業創辦人的後代之間，對家族企業的經營理念產生歧見，導致互相爭奪經營權，則以外國公司來持有

家族企業大部分股權的規劃方式，就有可能造成外國法律的規定成為左右經營權歸屬關鍵的結果。因此，在規劃初始，有必要充分地了解海外公司的本國法，並配合當地法律的規定，制定可以維繫控制權、又不致分散股權的公司章程，而不是單純地認為，只要在遺產分配後能夠結合逾半數的家族企業股份，就一定可以取得經營權。

## 二、不要忽略決戰境外的可能性及重要性

我國家族企業通常會將公司設立在註冊法令管制寬鬆的國家，但是控股公司主要的營業活動地點仍是在我國，此種實際上是在註冊地以外的國家執行業務的公司，也稱為離岸公司。我國企業以設立離岸公司為控股公司時，選擇註冊國主要考量的因素包括：

- 有無稅賦優勢，例如：有無營業稅、資本稅等優勢；

- 該地《公司法》規範嚴格或寬鬆，例如：公司名稱是否可用中文、是否在註冊地國有董事或股東、是否每年均須提交財報或審計報告；

- 公司登記的公示制度須不須要公開公司資訊給予公眾查詢，這項規定關係到能否保護企業或股東的隱私；

- 設立程序是否簡便。

符合上述這些主要條件的少數國家，即成為我國許多境外控股公司的註冊國，但是基於我國國際地位的特殊現象，這些離岸公司的註冊國不太可能與我國有邦交，更難以期待會與我國法院互相承認判決結果。

例如：臺灣臺北地方法院 101 年度訴字第 3233 號民事判決理由即載明：「按《民事訴訟法》第402條第1項第4款明文：『外國法院之確定判決，有下列各款情形之一者，不認其效力：四、無相互之承認者』、同條第2項規定：『前項規定，於外國法院之確定裁定準用之』。本件被告抗辯英屬維京群島法院不承認我國法院判決，我國法院就該國法院所為之系爭裁決，亦不受拘束一節，前經本院函請外交部協助查明英屬維京群島法院是否承認或不承認我國判決？經外交部於102年7月24日以外條法字第10201087490號函轉請我國駐聖克里斯多福及尼維斯大使館協查，業據該大使館於同年9月26日以聖克字第10200003630號函復本院：『本案經數度聯繫英屬維京群島司法單位（Judicial Branch）及檢察總長辦公室有關旨揭查詢事項，本年9月26日已取得檢察總長室檢察官Miglisa Cupid答覆，英屬維京群島法院不承認我國判決。』等語，有上開兩函文在卷可稽，揆諸前開法律明文，足見我國法院並不受英屬維京群島法院所為系爭裁決之拘束。」

簡言之，因為我國法院幾乎不可能承認海外控股公司註冊國法院的裁判，再加上國外法院訴訟所費不貲，所以即使控股公司的股權發生爭議，左右家族企業經營權及控制權的歸屬，爭議的雙方也不常到

控股公司註冊國進行訴訟。

　　但是透過分析本節案例，以及參考我國法院判決可以發現，即使不承認境外控股公司註冊國法院的判決，註冊國法院的判決仍然可能不是經由直接承認，而是以間接方式影響我國法院的認事用法。從而，如果有需要藉由海外控股公司股權取得家族企業經營權或控制權時，可能無可避免地仍然有必要至控股公司註冊地國進行司法程序，決戰境外。

# 外姓姻親的角色

　　郭台銘曾經說過，「女婿是全世界最難管的動物」，並表示：「對女婿，接觸時間不多，他就算進公司，我也只能公事公辦，嚴加看管。」這話在在凸顯企業主對外姓家族成員存有不信任，增添外姓成員入主事業核心的困難度。不過在實務上，同為外姓女婿，有人成功接班，有人欲奪權卻鎩羽而歸，其中的關鍵為何，值得深入探究。

## 外姓成員成功接班的關鍵

　　提到女婿接班，臺灣值得探討的案例非統一集團、正新輪胎及金仁寶集團莫屬。2013年11月，統一集團創辦人高清愿正式將統一

交棒予女婿羅智先，迄2023年底屆滿10年，統一集團仍然由羅智先領軍，此為女婿順利接班之例。

正新創辦人羅結於2014年完成交棒，由次子羅才仁接手，但是接班6年的羅才仁，於2020年6月董事改選時無預警遭撤換，由羅結二女婿陳榮華當選董事長，成為正新創立51年以來首位「非羅姓」的董事長。最後於2023年再次改選時，正新才確立二女婿與次子羅才仁共治的局面，此為外姓女婿與本姓接班人共治公司之例。

至於金仁寶集團董事長許勝雄與前女婿沈軾榮，於2022年間爆發經營權之爭，最後沈軾榮於2022年6月董事改選時正式退出金寶電子董事會，則屬未盡圓滿之例。

然而，究竟是基於何種關鍵因素，致使三則故事有著截然不同的結果？這或許可以從以下兩個面向觀察：

## 一、企業內是否有本姓競爭者

統一集團創辦人高清愿僅有一名獨生女，在獨生女無其他兄姊弟妹爭權的情況下，女婿羅智先接班有著先天上的優勢，再加上他本人的努力表現普遍獲得外界肯定，順勢成為統一集團唯一接班人，算得上實至名歸，可謂臺灣企業女婿接班最順利之例。

相形之下，不論是正新輪胎或金仁寶集團，除了外姓女婿外，還有其他本姓競爭者，女婿接班不是唯一的選項，因此有意角逐下

任接班人的二代家族成員，仍然需要經過內部的競爭才能脫穎而出。金仁寶許勝雄育有二女及一子許介立，許介立即為女婿沈軾榮無法避免的競爭對手。正新輪胎羅結則育有二子二女，長子羅明和因個性瀟灑而無意接班，羅結才將董事長大位交棒予次子羅才仁，換言之，在創辦人羅結有二子的情況下，一般接班規劃裡原本就無女婿這個角色。但是，正新董事會於羅結逝世後，2020年改選出現大哥羅明和與二位姊妹羅銘鈴、羅銘釪聯手，合力將羅結二女婿陳榮華推上董事長大位、大女婿陳秀雄出任副董事長，聯手上演自原接班人手中奪下經營權的戲碼。上述兩個案例顯示，在有本姓競爭對手時，女婿必須在內部更積極地合縱連橫，才有機會成功取得經營權。

## 二、婚姻關係是否存續

　　第二個影響外姓女婿能否取得大位的關鍵，為自身與該家族的聯繫因素——婚姻——是否存續。金仁寶許勝雄雖然有一子許介立，但是許勝雄對大女兒許詠絮的丈夫沈軾榮照顧有加。沈軾榮於2002年加入集團旗下康舒擔任襄理、經理，6年後的2008年就接任金寶電子總經理，許勝雄更在宣布金寶電子新總經理由沈軾榮擔任時，表示「這是世代交替」，至此，女婿沈軾榮雖有本姓競爭者許介立，但沈軾榮似乎才是許勝雄屬意的接班人。沈軾榮更自2008年一路擔任總經理長達12年，期間許勝雄充分授權沈軾榮全權打理公司，接棒看似勢在必行。然而，在2020年5月，沈軾榮無預警閃辭金

寶總經理。根據報章記載³，沈軾榮原來早在2019年底與許勝雄大女兒許詠絮在國外離婚，卻未告知長輩，婚姻關係早已不復存在。

大家都無法否認，「女婿」之所以有很大機會成為接班人，是基於女婿與女兒間的婚姻存在，因此在聯繫因素切斷後，實在難以想像許勝雄為何要將公司交給與自己已無姻親關係的外姓「前」女婿，尤其在自己又有本姓兒子的情況下。最終，沈軾榮正式退出金寶電子董事會，說到底仍與婚姻不再存續有關。

相較於金仁寶的沈軾榮，順利接棒的統一女婿羅智先，以及順利經營正新的二女婿陳榮華、大女婿陳秀雄，皆穩定地維持自身與創辦人女兒的婚姻關係。

有鑑於此，儘管影響外姓女婿能否成功接班的因素很多，但先天上有無本姓的其他競爭者、後天上能否維繫該段婚姻關係，絕對是影響女婿能否成功接班的關鍵。

## 有能力、可獲長輩信任為接班人的最基本要件

雖說，統一集團創辦人高清愿僅有一名獨生女，使女婿羅智先接棒過程較無先天上的屏障，但是自身能力佳、又深獲長輩信任，絕對才是使他站穩統一新霸主的關鍵。

羅智先自2013年接班以來，至2023年的十年間表現亮眼，不但帶領統一企業（1216）每年EPS（每股稅後純益）超過2元，2023年的過去6年，每年EPS更維持在3元以上的水準；接棒後十年（2014至2023年），統一企業總共發出股利27.05元（含股票股利1元），遠超過接班前十年（2004至2013年）所發出的股利13.69元（含股票股利4.44元）。

　　羅智先對於統一超商的展店速度也有規劃，2013至2018年先砍掉不賺錢的門市，儘管2018年底，統一超商與競爭對手全家的門市數量差距不增反減，但在2018年至2022年，統一超商開始全力展店，至2023年6月，統一超商與全家的據點數差距已擴大至2,575家。總體而言，在羅智先接棒後，5項關鍵數字，包含：EPS、營收、超商門市量、股利配發及集團市值，皆穩健向上[4]。

　　由於統一企業屬於台南幫（臺灣商幫之一）核心企業之一，羅智先接棒初期，台南幫皆先按兵不動地觀察，但是經過這十年來有目共睹的實績，台南幫對羅智先的評價為：「現在，對他非常放心」[5]。從統一羅智先成功站穩接班人之例，不難看出，自身能力及獲得長輩信任為接班最基本的要件。

　　另一個成功接班的女婿陳榮華，也能再次印證能力的重要性。陳榮華過去擔任正新總經理長達24年，一直是正新對外的聯繫窗口，在外界的知名度還比創辦人原先安排的接班人羅才仁高。此外，陳榮華信仰品牌力，是正新「MAXXIS瑪吉斯」品牌走向國際市場的重要推手，讓正新擺脫代工宿命，戰功彪炳。相較之下，原

接班人羅才仁較信仰製造力，羅才仁掌權後，陳榮華重視的推銷費用也從2014年近85億元，一路降到2019年不到82億元，還取消了包含大聯盟等國際賽事的贊助，改把重心放在製造升級上[6]。

然而，羅才仁接班6年來，不論營收、EPS、市值都逐年下滑，2020年第一季的公司市值更跌破千億元大關，對比羅才仁2014年接班第一年的2,411億元，大幅縮水近六成[7]，也導致羅才仁被自己的大哥、兩位姊姊及姊夫聯手拉下董事長大位。反之，陳榮華於2020年6月接棒後，營運開始翻揚，2020年EPS1.85元更創下4年來新高，一上位就交出亮眼成績單，也奠定陳榮華於2023年正新董事會改選時擔任董事長的基礎。可見，數字會說話，股東關切的還是數字，原接班人如果無法提出漂亮的數字，成績亮眼的女婿即有機會一較高下。

## 累積自己未來爭權的實力

雖然沈軾榮的總經理職務於2020年5月遭拔除，但是他並未立即放棄接手金寶的機會。2022年3月22日，金寶的一則公告，由沈軾榮領銜，提名自己在內的7席董事和3席獨立董事，參與金寶董事會改選，等於正式宣告與許勝雄展開經營權爭奪戰。以2022年2月金寶大股東的持股明細來看，前二大股東為仁寶電腦（8.38％）、許勝雄的吉寶投資（3.12％），第三大股東即為沈軾榮之母沈蔡來順（2.82％），第四大股東為沈軾榮之父沈坤照（1.52％），沈軾榮自

己也握有（1.19％）股權，沈家合計持有8萬1834張金寶股票[8]。儘管，沈家股數不及許勝雄能夠動用的持股數，但是沈家的持股以當時市值換算，高達12.52億元[9]，沈軾榮應該已經在財力所及範圍內努力提高持股比。股份有限公司的經營權，第一步仍舊是比持股，有意問鼎中原的沈軾榮，加碼持股是最基本的做法。

正新輪胎一案，再次彰顯股權多寡的重要性。依據2020年當時股權結構來看，大子羅明和握有11.42％股權，二子羅才仁8.74％，羅才仁的小孩、也是正新第三代羅元佑、羅元隆分別持有4.28％、1.63％，羅結兩位女兒及女婿也握有股權，4位加計持股達10.29％[10]。以此持股狀況而言，女婿陳榮華縱使與配偶合力，還是難敵羅家其他人的總持股，所以最後是靠二位女兒、二位女婿，再加計羅明和的持股，五人聯手合計約23％，才擊倒羅才仁及其子的持股，在2020年搶下經營權。兩個案例足以證明，所謂累積自己的爭權實力，在持股方面，除了靠女婿自己及自己家族外，聯合他人，包含創辦人家族成員，是快速增長己方持股的方式，也大大增加奪權成功的可能性。

不過，現實而論，創辦人家族往往因持股比甚高，外姓競爭者要加碼至超過創辦人家族實屬不易，因此如何另闢蹊徑、增加自己與創辦人家族的談判籌碼，或者藉此強化自己奪權的正當性，爭取其他股東支持，就是女婿揮軍中原的第二招。

以沈軾榮為例，他在2022年3月正式宣戰後，屢次爆料宣稱「金寶違法出售群創股票」[11]，並狠批威寶經營失利，虧損高達350億

元，全因一言堂，沒人敢挑戰董事長決策[12]。接著，他更猛打許勝雄兒子許介立利用虛掛職位領取金寶庫藏股一事[13]。雖然以結論而言，此舉並未成功將沈軾榮推上大位，甚至反致沈軾榮因此被告[14]，但至少在當時確實引起不小的媒體聲浪。

此外，有意爭權的女婿，如果真的與創辦人家族成員的婚姻走不下去，但是仍然希望在集團內占有一席之地，或許有一個策略可以參考，就是離婚時在合約中明定自己的權益，例如：取得一定數量的股權或金錢等要求作為離婚條件。然而，分手後如何爭取有利條件，涉及離婚本身是否具有可歸責性。簡單來說，就是導致離婚責任較大的一方恐怕難有強硬要求的空間。此外，本人在企業內是否有不可取代性、是否有重要到不能沒有你，也是考量因素。再者，假設初期談判不成，透過離婚訴訟拉長戰線，也必須顧慮訴訟勞費的成本。最後，也是最重要的，夫妻分手後，如果仍然想留在配偶的家族事業內，就必須面對與其他家族成員或幹部的相處壓力，除非有相當好的心理素質及交際手腕，否則共事未必是最好的選擇。

「女婿接班」在日本行之有年，但是在臺灣仍屬少見，在傳統觀念裡，外姓女婿常被認為是介於「家人」與「外人」之間，不若本姓子女接班這麼順理成章，因此接班之路往往走得艱辛、必須面面俱到，更要具備先天優勢及後天努力。

# 非婚生子女與不具婚姻關係的伴侶

隨著時代演變，現代人家庭權利意識抬頭，社會大眾對於介入婚姻或對婚姻不忠者的批評力度今非昔比，更難接受古早社會所謂三妻四妾。不論是為了企業或品牌形象，企業家在原有婚姻關係之外，結識的伴侶或開花結果產下的非婚生子女，多半也無法如早期的二房、三房那樣，名正言順地列入企業家的傳承規劃中，即便是富甲天下的企業家也是如此。

為愛承受非難與批評的伴侶及非婚生子女，固然在企業家生前能得到庇護和經濟支援，但如果企業家不幸過世，恐將遭受原生家庭成員排擠，甚至有剝奪權利的風險。因此，不具婚姻關係的伴侶，必須思考如何爭取適當的權利，保障自身或非婚生子女一生的安寧與穩定。

此外，雖然不乏若干以第三者之姿成功逼退原配的案例，但是

隱藏在成功案例背後的失敗者，不知凡幾，極少呈現在眾人眼前。單純就法律面，我國法令對原配有一定程度的保護，未出軌、無過失的原配如果堅持保有婚姻關係，出軌的一方依法難以爭取到離婚裁判，更不要說爭取過程中，企業家需要面臨社會大眾、親友之間的壓力。如果不能先了解情況、審時度勢，單純倚仗寵愛而驕橫地不斷索求，反而容易遭到反撲。

綜觀歷史，唐玄宗即便深愛楊貴妃，形勢所逼下最後還是賜下三尺白綾，選江山、不選美人。唐玄宗尚且如此，更何況企業家。所以，不具婚姻關係的伴侶知道什麼「權利」可以爭、什麼「時候」爭、確保「爭到」權利，遠比眼巴巴望著配偶的虛名更為實際。


# 非婚生子女的法律地位如何確立 ——認領與驗DNA

法律規定，取得「婚生子女」地位者可以獲得繼承權、受扶養權利等保障。如果企業家是女性，只要子女是自己所出，法律上即視為婚生子女，不會有爭取婚生子女地位的問題。然而，如果企業家是男性，問題就相對複雜了。依據法律規定，子女對生父不會理所當然地取得婚生子女的地位，只有在婚姻關係中配偶所生子女、生父生母結婚所出的子女，才具有婚生子女身分。不具婚姻關係的伴侶顯然不具備這兩個必要條件，所以對其生父而言，外遇所生的子女必須透過法律規定的「認領」動作才能獲得（關於法定繼承關

係參閱第2章LESSON 3）。


## 認領的實際困難度

　　當然，認領也沒有那麼簡單，舉例來說，不具婚姻關係的伴侶，女方如果生產當時也是已婚狀態（姑且稱此為「原」婚姻關係），則所生子女不但與生父不具有婚生子女關係，反而還會成為「原」婚姻關係配偶的婚生子女。然而，法律上一個人只能成為一對父母的婚生子女，因此生父即便完成認領行為，也不會改變婚生子女的認定。要想打破現行關係，只能先起訴「否認」原婚生子女的關係，成功後才能藉由認領取得與生父的婚生子女關係。特別要注意的是，上面提到「起訴否認原婚生子女的認定」存在人別、時間限制：只有原婚姻關係下的父、母、子女三者才有資格提起否認訴訟，並且在發現真相的2年內必須提出，否則就不能再提。唯一例外的是，未成年子女可以在18歲成年的2年內提出，生父則沒資格主動提出。

　　總而言之，認領在法律上有三種方式：


● 由生父直接向子女表明自己為其生父；

● 生父雖然沒有明講，但是有事實上撫育的行為，例如：
　支付子女生活費、教育費等，一旦有此事實，就視為認
　領而具有認領效力；

● 由子女或生母依《民法》第1067條規定，以生父或其繼
承人為被告，直接向法院提起強制認領的訴訟。


　　以上三點是法律規定，乍看之下並不困難，可惜現實操作卻完
全不是這麼一回事。要知道，情人之間你儂我儂的口頭承認自然沒
有問題，一旦必須在法律上判斷有無「認領」或要求強制認領時，
事情多半發展到生父拒絕承認子女、或生父過世而無法承認的情
況。此時，不具婚姻關係的伴侶必須提出相關證據，證明有認領事
實存在，同時也需要面對另一方的強力抗辯。

　　最常見的抗辯理由是拒絕承認子女為生父所生，看到這裡讀者
可能馬上會想到，拒絕承認的話，是否可以要求驗DNA？接下來我
們來談談DNA在法律上的運用。


## DNA的實務困難度

　　先藉由國內知名企業「黑松集團」創辦人之一，張姓家族的訴
訟案件[15]為例，便可從中得知一二。在該案件中，二位原姓「洪」
的兄弟檔，起訴黑松創辦人之一的「張」某為其生父，依據撫育事
實來主張二人為其婚生子女，應有遺產的繼承權。雙方爭執過程
中，張姓家族極力否認二者有血緣關係，洪姓兄弟曾主張辦理DNA
鑑定，遭張姓家族拒絕，二人雖然提出母親與創辦人的往來書信、
照片及收支紀錄等，甚至提出證人證明創辦人常常到洪家做客，還

曾聽聞洪姓兄弟的母親說過創辦人是兄弟倆的親生父親等。

　　然而，法院審理後認為，往來書信內容大多為閒話家常，個人照片也無從證明雙方有親密關係，收支帳冊只有數字，沒有記載實際用途。再加上，證人只有看到創辦人與洪姓兄弟的母親往來頻繁，多次贈送珠寶金錢，並聽其轉述創辦人為親生父親而已，也無法證明二人確實過從甚密，進而認定無須DNA鑑定，判決洪姓兄弟敗訴確定。

　　從上述案件中可以知道，驗DNA不是萬靈丹，民事法院並沒有權限要求任何一方強制驗DNA，生父方如果拒絕，雙方只能回歸證據比拚。對於不具婚姻關係者而言，由於戀情大多無法攤在陽光下，平日聯繫方式隱晦也少留下紀錄，甚至交往的證據可能遭到當事人一方刻意滅證而銷毀，因此事後拿出交往證據並不容易。面對這種劣勢，不具婚姻關係者平日應該多留心保存證據，爭取之後讓法院相信子女確實由生父所生。

　　不過，司法實務中，生父方拒絕驗DNA，法院仍然可以透過相關資訊判決生父方敗訴，包括具有一定社會身分與地位的生父，任由子女在他人面前直稱他為「爸爸」而從來不否認，並長年為子女繳納學費、購屋、買車、就醫款等，甚自親自與生母討論結婚事宜、代為支付婚紗照或婚禮費用等。在上述情況下，儘管生父拒絕依裁定驗DNA，仍然會判決生父敗訴[16]。另舉一案為例：曾有生母方提出婚紗照、滿月時與子女拍攝的親密照片、全家福照片、電子郵件內容及生父親筆留言，並提出生父姊妹作證，曾被子女叫姑姑而生父沒有否認等事實，從而在生父方拒絕依裁定驗DNA後，仍判決生父方敗訴[17]。

# 非婚生子女進入企業──時機、職位？公布身分的方式、時機？退場機制？

　　非婚生子女無論在法律上有無認領程序，對於企業家的原配偶家庭而言，多半不會認可，或多或少會排斥。因此，非婚生子女除了嘗試在法律上爭取婚生子女地位之外，為了在現實上取得更好的資源，最好能夠具備與原家庭子女並駕齊驅的專業能力，以及在企業中備受認可的經營實績。所以，不具婚姻關係的伴侶不僅得為非婚生子女爭取教育資源，如何安排進入企業家產業，累積企業內人望，使其進可取得企業家信賴傳承江山，退也可以累積經驗實力到相關企業任職，實則更為重要。

　　從某知名金控集團家族的案例可探究端倪。在該案中，於集團內董事改選前夕，爆出董座私生子將回國進入集團任職，導致了原婚生子女的接班爭議。要知道，非婚生子女進入企業並不容易，除了因對手爆料而影響企業家聲望之外，也不免讓人對企業接班布局產生其他聯想。所以，企業家必須審慎考慮以下三點：非婚生子女進入企業的適當時機及職位、公布非婚生子女身分的時機，以及非婚生子女退場機制。

## 非婚生子女進入企業的適當時機及職位

　　首先，非婚生子女與原家庭子女之間，可以用古代皇子嫡、

庶出的關係來比喻，原家庭的嫡子難免對庶子存有敵視感，擔心威脅自己的繼承地位；對於非婚生子女來說，大多認為嫡子無非仗著血統優勢卻沒有專業能力，在互相看輕下，自然紛爭不斷。更嚴重的情況是，如果雙方長期爭執、又皆處高位，容易發生經理人選邊站，形同古代黨派之爭，為奪權互相攻訐，容易損害企業利益。

當然，明確制定接班步驟及規則可以降低衝突，只不過現今企業瞬息萬變，要列出明確規則並不容易，倒不如建立公平對待、先來後到的原則比較有可能實踐。舉例來說，原家庭子女多半較為年長，非婚生子女進入企業時機，可以選在原家庭子女於基層歷練一段時間獲得晉升或輪調後，再由非婚生子女接手相似或原來職務。此舉除了能夠比對工作表現之外，非婚生子女也更能理解原家庭子女曾歷經的困難，不致輕視原家庭子女的戰果。

需要特別注意的是，部分企業家為了避免衝突，會選擇將子女安排在性質不同的事業體或部門，甚至是鼓勵自行創業，各自擁有事業版圖，這做法確實可以有效降低衝突，值得參考。


## 公布身分方式、時機

其次，何時公布非婚生子女的身分也要三思，能夠公開身分獲得家族群體的認可，是非婚生子女從小的願望，甚至是奮發努力的動力來源。然而，從上述金控集團家族的例子來看，除了考量企業主外在的形象之外，過早公布非婚生子女的身分，容易使原家庭子

女備受威脅而加劇衝突，更恐造成公司其他專業經理人選邊站的情形，傷害公司利益。

因此，公布非婚生子女的時機，最好是在觀察各子女實際工作表現與能力養成情形，據此分派好未來接班的事業單位或部門後再公布。如果選擇不公布，就要額外考量非婚生子女的工作表現與實績，有沒有獲得公司其他股東信賴、有沒有具備企業相關的專業能力或持有股權實力等，避免原家庭子女接班後，以優勢股權將非婚生子女逐出企業，或反之，非婚生子女的專業能力及實績不足卻擔任大位，恐將產生不少流言蜚語，損害公司利益，甚至傷害家庭及子女之間的感情。

## 退場時機

感情問題沒有必然的解方，也不能期待所有人都能和解、放下，非婚生子女與原家庭子女之間，衝突如果無法調解，就必須考量退場機制，讓雙方子女不致於在未來因利害關係產生進一步的衝突。退場機制可能包括：

- 拆分非婚生子女主持部門，另外成立新公司，並由自己出資來調整股權比例；
- 依法與非婚生子女簽訂含股票選擇權的專業經理人委任

契約，使其後續得自行決定續留企業或退場；

● 用自己的資金投資成立新企業，先讓非婚生子女管理，待日後再以信託或遺贈方式，將股權轉予非婚生子女。

上述是三種比較常見的方式，為非婚生子女預留後路。

## ✎ 爭取權利的節奏

如前所述，現今社會強調一夫一妻制的家庭，不具婚姻關係的伴侶不受原家庭所待見。因此，不具婚姻關係的伴侶如果要爭取權利，必須注意兩大關鍵：擇時、有度，特別是出軌對象尚未完全掌握企業經營權時，容易遭主事者認定其對事業無心、沒有定性，妨礙原先進行中的傳承計畫，最終傷害的還是當事人的權利。

實際上，不少案例都出在，出軌的企業主雖然貴為千億集團的少主，但是還處於事業歷練階段，並未掌握公司實際股權，卻因為第三者強勢介入，引發主事的公公強烈不滿，反而力挺原家庭媳婦，拔除企業主接班的地位。從這些常見的案例可以得知，對於地位趨於劣勢的第三者，了解什麼權利可以爭、什麼時候可以爭、如何確保爭得權利，更為重要。

## 一、什麼權利可以爭？

首先，財產可以粗分成財產和股權兩大類，所謂財產是指一般常見的現金、不動產或動產，例如：土地、房屋、汽車或手錶等，這部分雖然價值極高，然而與經營良好的企業股權相比就相形見絀了。畢竟，經營良好的企業每年都能產生大筆現金，持有的廠房、土地等資產價值更是一般財產與房產難以比擬，所以繼承者更重視股權相關權利。

接續上述常見案例來說明，財團少東之所以被主事公公踢出集團而喪失接班機會，其實就在於他尚未掌有集團的股權，自然沒有說話的餘地，所以在尚未實質掌控企業時，相較於登記的配偶，不具婚姻關係的伴侶應該先考量保障自己及其子女未來的生計比較實際，而且對企業少東的未來發展也更為合理，更容易取得長輩支持。


## 二、什麼時候可以爭？

在企業主實際掌有股權後，不具婚姻關係的伴侶必須注意，要求企業主移轉股權不太現實，因為股權是企業主的核心資產，而且經營不善的企業股權多半一文不值，甚至只剩下公司持有的廠房、土地等不動產殘值而已，無法發揮企業的最大價值。再者，股權移轉需要登記在股東名冊，一旦移轉，形同對外公布不具婚姻關係的伴侶及非婚生子女之間的關係。因此，通常只有當非婚生子女進入企業擔任要職時，企業主才有可能考慮移轉股權。而且，也唯有當企業主實際掌有股權後，思考重點才會移轉到爭取讓非婚生子女進

入企業歷練與競爭接班人的可能性。

不具婚姻關係的伴侶可能會有疑問：取得配偶地位不就代表取得股份的繼承權，何必考量競爭接班問題？從法律上來說，配偶確實可能藉由繼承取得部分，甚至大部分股權。然而，同樣就法律規定來看，財產分配取決於裁判離婚的方式。所以，不具婚姻關係的伴侶想利用離婚訴訟，強制取代原配偶，絕對不是一件容易的事，更遑論要策動企業主提起訴訟，揭露家醜於螢光幕前。除非不具婚姻關係的伴侶對企業主的感情有強大信心，否則與其選擇無法掌控的結果、執行困難的訴訟手段，何不思考爭取讓下一代有公平競爭的接班機會，不失為較周全的一種選項。

## 三、如何確保爭得權利？

不具婚姻關係的伴侶要留心保障已得到的權利，避免企業主或其原家庭後代翻臉不認人。舉例來說，雖然取得不動產登記，但如果實際全額出資人是企業主，原家庭仍然可能主張屬於借名登記，要求返還不動產。此時，不具婚姻關係的伴侶必須提出雙方往來的對話或資料，證明不動產是企業主贈與的財產。

再舉一個案例，如果企業主只是簡單分配企業股權給不具婚姻關係的伴侶或非婚生子女，希望企業分紅可以保障他們日後的生活，但是在企業規模不大的情況下，加上原家庭後代掌有絕大多數的股權，他們其實可以改以不分配股利或出售業務等方式，損害

不具婚姻關係的伴侶或非婚生子女原有的權利。這部分必須多加注意，並且提醒企業主生前應該審慎規劃，不得大意。

資料來源／參考文獻

1.  磊山保險經紀人股份有限公司網站，〈三分之二上市櫃都是家族企業！業者：用保險解決傳承難題 讓接班更順暢〉，載於：https://www.leishan.com.tw/news/2023/05/10/1.html（最後瀏覽日期：08/14/2024）。

2.  最高法院最高法院103年度台上字第1570號民事判決。

3.  NOWnews今日新聞（2023），〈金寶經營權之爭落幕　前總經理沈軾榮挨告營業秘密3案不起訴〉，https://www.nownews.com/news/6250426（最後瀏覽日期：08/14/2024）。

4.  今周刊（2023），〈台南幫肯定「對他非常放心」數字會說話，羅智先接班十年超穩當〉，https://www.businesstoday.com.tw/article/category/183016/post/202308020065/（最後瀏覽日期：08/14/2024）。

5.  同上註。

6.  商業周刊（2020），〈千億輪胎帝國家變啟示錄：臺灣第六大富豪家族正新，接班人無預警撤換〉，https://www.businessweekly.com.tw/Archive/Article/Index?StrId=7001900（最後瀏覽日期：08/14/2024）。

7.  今周刊（2020），〈兄姊逼宮早有跡象　輪胎王國正新變天內幕〉，https://www.businesstoday.com.tw/article/category/80392/post/202006230037/（最後瀏覽日期：08/14/2024）。

8.  自由財經（2022），〈金寶經營權煙硝味起 沈軾榮提名10董事〉，https://ec.ltn.com.tw/article/breakingnews/3868448（最後瀏覽日期：08/14/2024）。

9.  註同上。

10. 財訊（2020），〈全台最大輪胎廠正新 經營權恐變天〉，https://www.wealth.com.tw/articles/d3a75bf4-0239-48c5-9bb9-e46fb7fa7d62#:~:text=%E5%85%A8%E7%90%83%E5%89%8D10%E5%A4%A7%E8%BC%AA%E8%83%8E,%E4%B8%80%E3%80%81%E7%AC%AC%E4%BA%8C%E9%AB%98%E7%A5%A8%E3%80%82（最後瀏覽日期：08/14/2024）。

11. 匯流新聞網（2022年），〈沈軾榮質疑賣群創持股釀虧損 金寶稱依法有據、勿再抹黑〉，https://cnews.com.tw/%E9%81%AD%E7%96%91%E8%B3%A3%E7%BE%A4%E5%89%B5%E6%8C%81%E8%82%A1%E9%87%80%E8%99%A7%E6%90%8D%E9%87%91%E5%AF%B6%E7%A8%B1%E4%BE%9D%E6%B3%95%E6%9C%89%E6%93%9A%E3%80%81%E5%8B%BF%E5%86%8D%E6%8A%B9%E9%BB%91/（最後瀏覽日期：08/14/2024）。

12. 財訊（2022），〈金寶前翁婿10大爭議3〉沈軾榮狠批威寶經營失利 許勝雄反擊：沈品牌投資10年虧77.8億〉，https://www.wealth.com.tw/articles/da24c77d-a049-4362-b3a0-e5178587f6f9（最後瀏覽日期：08/14/2024）。

13. 財訊（2022），〈金寶前翁婿10大爭議2〉沈軾榮質疑庫藏股疑雲 許勝雄護長子：許介立資格沒問題〉，https://www.wealth.com.tw/articles/06620bf3-872c-4741-b554-961873ec1b58（最後瀏覽日期：08/14/2024）。

14. 鏡週刊（2023），〈金寶接班布局惹糾紛　前總經理沈軾榮3官司皆不起訴〉，https://www.mirrormedia.mg/story/20230905soc003（最後瀏覽日期：08/14/2024）。

15. 臺灣高等法院98年度家上更 字第2號判決；最高法院98年度台上字第476號判決。

16. 鏡週刊（2020），〈楊麗花亡夫洪文棟私生子案 最高院：親子關係確定〉，https://www.mirrormedia.mg/story/20200813inv003（最後瀏覽日期：08/14/2024）。

17. 臺灣高等法院98年度家上字第164號判決。

「管理與人有關，其任務是能夠聯合眾人之力，
讓人們發揮優勢，劣勢變得無關緊要。」
——彼得・杜拉克，現代管理學之父，摘自《杜拉克管理精華》

"Management is about human beings.
Its task is to make people capable of joint performance,
to make their strengths effective and their weaknesses irrelevant."
— Peter F. Drucker, *The Essential Drucker*

# 第 5 章

# 專業經理人的治理觀念——家族企業所有權與經營權的難題

本章重點：

- 專業經理人協助打理家族企業時，應該注意哪些面向
- 如何讓專業經理人兼顧企業永續與家族理念
- 在判斷家族企業到底傳賢或傳子時，企業主應該考量哪些法律與經營層面

# 由專業經理人打理家族企業時，該注意哪些面向？

　　本章開始，我們將談論「專業經理人」這個與家族成員毫無血緣關係的角色。家族企業於創始之初，可能僅由企業主獨立創業，亦可能與家族成員共同打拚事業。隨著公司發展到一定階段，開始要擴大規模時，通常會引進外部專業經理人來提供管理專才，協助打理家族企業。透過專業經理人發揮自身專業智識與技術，將可拓展企業業務的深度及廣度，使企業發展觸角更廣泛、靈活。

　　然而，與其他家族成員相較，專業經理人不具有家族血緣，無論專業經理人能力再優秀、為家族企業貢獻再多，對於企業主及其家族成員而言，他們本質上仍然是外人，與家族成員之間難免或多或少有道難以跨越的隔閡。再者，在家族企業裡被視為外人的話，就難以觸及事業的核心利益，因此不管在家族企業任職再久，仍然存有常見的升遷天花板，造成專業經理人的熱情下降，無法全心全

力為家族企業做出長期貢獻。

對於企業主而言，一方面希望透過外部專業經理人的協助，擴大家族企業的事業規模，並且運用專業經理人的管理能力，打造優質的營運管理團隊，但另一方面，家族成員與專業經理人之間又可能就經營一事產生意見分歧，使家族成員對專業經理人產生不信任感等危機。

一般而言，家族成員與專業經理人之所以容易產生紛爭，歸結原因主要有兩點：

## 一、家族成員猶如「皇親國戚」，不服從專業經理人領導

家族企業為了鞏固家族地位，具有「用人唯親」的特色，因此企業主聘用員工未必考量其專業背景、經驗與歷練，而是依憑血緣、忠誠度及信任感。例如：家族企業傾向將會計、出納等財務業務交由家族成員負責。然而，基於親屬或人情關係所聘用的員工，未必具備該相關會計專業背景，可能造成專業經理人管理及治理的阻礙，導致他們無法發揮個人潛能，追求企業最大化成長。甚至，如果這些家族成員與主擁有一同打拚的革命情感，更可能抱持如同君主時代「皇親國戚」的心態，不輕易服從專業經理人，增加績效評量及考核的困難。

## 二、視專業經理人為「外人」、「空降部隊」，與家族成員之間欠缺信任感

　　公司裡的家族成員原本就有濃厚的「家族聯繫」，因此容易將外部的專業經理人視為「外人」或「空降部隊」，抱持不信任及敵對的心態，甚至質疑專業經理人所追求的績效管理。然而，這樣的不信任感可能造成「**資訊落差**」。原因在於，家族成員面對專業經理人時，不放心完全揭露資訊、或者隱匿某些重要資訊，這種資訊落差對內影響專業經理人的管理效率，對外則可能造成因資訊不足而做出損害企業的判斷，整體來說，有害而無一利[1]。

# ◢ 管理家族企業為何困難重重？

　　從家族成員的觀點來看，既然企業主高薪聘請專業經理人，則評估重點應該著重在其績效表現是否符合高薪水準？是否能讓家族成員滿意？但是從專業經理人的立場來思考，重點則是家族成員的要求是否合理？其行使經理人職權是否處處受限？這凸顯出專業經理人在協助企業主管理家族企業時所面對的困境，身為外部人士的專業經理人，與家族成員（尤其是即將接班之二代）之間，可能發生意見不合、互生齟齬，進而導致企業運作不順的嚴重情況。因此，企業主在聘用專業經理人時必須特別注意上述觀點，以達到追求企業永續發展的初衷。

在探討專業經理人管理家族企業要注意哪些面向以前，可以先從家族企業常見的幾項特點來著手討論。

## 家族式集權領導

首先，是家族企業常見的家族式集權領導風格。企業主創辦公司，對於公司的經營管理保有絕對掌控力，即使企業後來上市櫃，企業主與家族成員仍然保有經營權及大多數的股權，同時公司的高階管理層也會由家族成員組成，以利家族對公司的經營保有絕對的主導性。這種經營權與所有權不易分離的模式，在我國傳統中小企業尤為常見。

其特點將使家族企業在管理上容易產生相對應的缺失，例如：決策過於集中在少數特定高層，而他們大多是企業主的家族成員，即使專業經理人依自身專業判斷做出商業決策，但是仍然需要交由擔任公司高層的家族成員做出最後決定，結果可想而知，他們可能干預專業經理人的決策，相反地，有時專業經理人為迎合家族高層，可能一開始就做出不專業的決策。此種家族式集權領導，由於太過於仰賴家族成員的決定，一旦家族成員缺乏所需的專業知識、經驗或能力，決策就可能對企業經營造成一定程度的風險。同時，也因為大部分高階職位由家族成員擔任，例如：董事、監察人由企業主的配偶、子女、父母手足等組成，缺乏實質有效的監督機制，因此容易產生弊端，致使公司治理不佳。

採用集權領導的家族企業，一旦引入外部專業經理人，企業主在授予專業經理人決策權限的同時，如何適度地放權、尊重專業，不讓家族成員意見過度干預專業經理人做出的商業決策與判斷，往往決定了家族企業能否與專業經理人有效合作，以達成企業永續經營的目標。換言之，企業主對專業經理人的尊重程度將成為關鍵因素。

## 用人唯親──看不見的升遷天花板

相較於非家族企業，家族企業為了確保長期掌權，更常出現由家族成員擔任高階職位的情況。除了有血緣關係的家人利益較為一致、有家族向心力使關係較為緊密之外，他們更重視掌握公司經營權，確保家族企業延續傳承。因此，決定高階管理職位，甚至決定接班人選時，血緣延續及家族傳承通常是家族企業的核心考量因素，血緣的重要性遠高於才能。此種傳子不傳賢的做法只要稍有不慎，即有可能讓事業走向敗亡。

舉例而言，一家由華裔企業家創辦的美國企業，於企業家晚年時，力排眾議堅持將企業傳給自己的兒子，此舉直接導致企業內原本最被看好接棒的資深專業經理人離職，該企業最後以破產告終[2]。

站在專業經理人的立場來看，無論自身能力再優秀、對企業貢獻再多，始終無法躍上層峰，真正地觸及企業核心，不免令專業經理人有「終屬過客」、「不如歸去」的「客卿」遺憾。對於職涯抱有企圖心的專業經理人而言，升遷管道存在天花板、付出與所得無法成正比

等諸多現實問題，可能消磨他們留在該企業繼續打拚的熱情。

　　總結前述家族企業的幾項特點，例如：家族式集權領導風格、過度干預而無法適度放權給專業經理人，或是血緣至上的家族企業內部升遷制度不夠透明，降低了專業經理人為企業打拚的動能等，均為專業經理人在家族企業中時常面臨的困境。

# ✎ 釐清家族成員與專業經理人的歧見從何而來？

　　誠如上述說明，家族成員對於專業經理人缺乏信任、處處提防警戒，甚至存在上對下的「主僕之辨」、內對外的「非我族類，其心必異」心態，這些都是專業經理人進入家族企業後必須面臨的重大挑戰。不過，在實務管理上，「不信任」本來就是造成共事者之間摩擦與衝突的主因，更何況對於家族成員而言，專業經理人畢竟是外部人士，因此只要彼此溝通不良，家族成員就會懷疑專業經理人的專業能力，甚至認為他們居心叵測。這種情況絕對不是企業主所樂見的結果。

## 先站在各自的立場思考

　　家族成員與專業經理人之間溝通是否順暢，是影響家族企業與專業經理人能否有效合作的重要因素。唯有達成有效地溝通，促成家族

成員與專業經理人對於企業營運目標及發展方向達成一致共識，才能創造雙贏的局面。就此議題，我們不妨從企業主與專業經理人各自的角度探討：對於專業經理人來說，除了本職工作之外，適應並融入家族企業文化，與家族成員建立合作關係，也是服務家族企業的重要挑戰；對家族企業來說，在掌握企業經營權與所有權的同時，認同並尊重專業經理人的專業，找到有效的溝通方式，也是必須學習的課題。

### 企業主如何促進專業經理人與家族成員之間有效的溝通？

　　企業主可以透過建立透明、無障礙的溝通平台，讓家族成員與專業經理人可以藉此平台提出意見與看法。例如：企業內部可以定期舉行小型會議或是以workshop的方式進行跨部門、跨階層會議討論，讓參與者可以在會議中就特定事項提出改善建議，分享彼此觀點、化解歧見，促使雙方在同一目標上達成共識。

　　當家族成員與專業經理人雙方存在嚴重歧見，已經到了有影響企業正常營運之虞時，企業主可以考慮透過第三方的中立者介入協調，解決紛爭。例如：委託外部企業管理顧問介入，了解雙方個別立場與需求後，在不妨礙企業正常營運與發展的優先原則下，提出解決方案，促使雙方達成共識。

### 專業經理人如何處理與企業主或家族成員意見分歧的困境？

　　專業經理人的本職是以自身專業的領導及管理能力，有效地管

理企業，領導團隊達到業務目標，提升企業競爭力。然而，如何應對與企業主或家族成員的意見分歧，也反映了自身是否具備優質的危機處理與溝通能力。

專業經理人必須提前認知到，在家族企業任職時，靈活的協商手法、找到雙贏（符合公司與家族成員的最佳利益）的解決方案都是必須具備的重點技能。例如：專業經理人引用客觀的數據資料作為立論基礎，釐清企業主與家族成員質疑的決策，更容易說服他們接受不同的觀點。又或者，專業經理人在提出建議或決策時，採納了家族企業文化與價值觀，將更容易獲得家族成員的支持，執行上也將更為順利。

唯有理解雙方的立場，才有可能打造共治的工作環境，所以在引入專業經理人的制度時，企業主應先建立一定的調節機制，確保家族成員與專業經理人之間的權責劃分，避免家族私人的紛爭影響到企業的發展，以下是家族企業可能採行的做法：

## 一、建立良好的公司治理環境

依金融監督管理委員會對公司治理的說明，「良好的公司治理應係董事會與管理階層以符合公司與全體股東最大利益的方式達成營運目標，協助企業管理運作，以及提供有效的監督機制，以激勵企業善用資源、提升效率，進而提升競爭力，促進全民之社會福祉」[3]。

在傳統家族企業中，為了讓經營權能緊密掌握在家族成員手

中，往往會讓家族成員深度參與公司的管理與決策，董事會大多由家族成員組成，但是此舉也可能導致董事會做決策時將家族利益、而非公司利益置於首位，再加上董事會缺乏有效監督，因此容易發生利益衝突的風險。家族企業如果能建立有效的外部監督機制，並委請具有相關專業的外部人士進行監督、擔任顧問等，就能避免企業權力過度集中於特定家族成員，從而提高董事會的效能。

　　建立良好、有效的內控及外部監督機制，落實公司治理目標，將有助於家族企業長期穩健地發展，並能維持家族與公司之間利益的動態平衡。良好的公司治理環境也有助專業經理人提高營運管理效率，為家族企業帶來正向影響。


## 二、建立溝通管道

　　家族成員對於專業經理人抱持著不信任的態度，通常需要長時間的磨合與溝通才得以弭平。然而，這個問題可能會隨著新家族成員的加入又再發生。舉例來說，曾經有一位專業經理人與董事長一同打拚事業，建立商業帝國，後來在這位專業經理人屆齡退休之際，由於董事長相當感念他對公司的貢獻，因此決定以榮譽顧問的方式聘用這位專業經理人，除了讓他繼續協助公司發展，也認為公司應該照顧功臣。對於董事長而言，這位專業經理人親如家人，是「出生入死」的好兄弟。然而，董事長的美意，卻隨著二代進入公司擔任經理人後，逐漸備受考驗。二代與專業經理人之間欠缺信任，所以處處為難、與其作對。由此可見，確保家族成員「持續

地」與專業經理人溝通順暢，信任累積是相當重要的一環。因此，企業內部可以建置定期的溝通交流機制[4]，透過制度性的溝通和對話平台，使得每一位家族成員與專業經理人都可以在想法、意見及資訊等各方面適時且充分地交流。目前「上市上櫃公司治理實務守則」第53條規定，上市櫃公司應建立員工溝通管道，企業主或可參考此一制度精神，提供專業經理人與家族成員之間的溝通平台，促進並鼓勵專業經理人與家族成員相互積極地溝通，藉此弭平雙方心中的誤會和疑慮，增加彼此的信任感和合作意願。

## 三、確保組織分工明確化

　　家族企業名義上常由外部人掛名負責人，但實質上由家族成員掌握重要的決策權，將家族成員以「總裁」、「總監」、「顧問」、「主理人」等各種非正式名義安插於公司內部，成為實際決策者，卻因不在公司正式組織編制上，究責相對困難。為了降低究責難度與風險，企業主可於公司內部建立清楚的分層制度，明確劃分各管理職位的權責範圍。例如：各部門主管人員（不論職稱為何）的核決權限、責任事務範圍。透過明確「**職**」、「**權**」、「**責**」，釐清家族企業中各管理階層（包含家族成員與專業經理人）的組織分層與職責，確保組織分工明確化，讓專業經理人發揮管理專才、提高績效。

## 四、用人唯才，升遷管道透明化

透過打造公開透明的升遷管道，確保非家族成員的專業人才在家族企業中有公平角逐高位的機會，將促進外部人才更願意為家族企業貢獻一己專才。在用人方面，如果企業主仍然希望由家族成員擔任重要職務，除非人事決策過程公開透明，而且該位家族成員至少符合該職務所需的專業與經驗等要求，否則不應該貿然聘用。例如：避免讓不具有財金相關專業的二代成員空降擔任財務高階主管，避免公司員工產生逆反心理。如此基於公司利益所為的人事決定，才符合良好的公司治理，讓家族企業與專業經理人能夠達到雙贏。

## 五、建立家族憲章與接班制度

所謂家族憲章，是指企業將家族治理的方針、家族事業經營的核心價值、家族成員及家族事業管理人所應遵循的行事準則等事項加以明文化（關於家族憲章請參閱第1章 LESSON 7）。不過，家族憲章除了可以作為家族永續傳承的工具外，也可以作為專業經理人與家族成員彼此互動的重要依據。因為家族憲章是由家族成員所共同制定，故企業透過家族憲章的制定程序，也有助凝聚家族成員的向心力，使家族成員了解到企業需要專業經理人的加入，降低家族成員面對專業經理人時的排斥心態。

畢竟家族利益所涉及到的不僅僅是單一一個家庭，可能涉及不同世代或各房之間的內部勢力鬥爭，因此建立家族憲章與接班制度將有助於家族企業順利傳承，有效地避免家族勢力的紛爭影響家族

企業的永續經營。

　　以默克家族為例：默克家族就是透過家族憲章，確立公司的經營主要由專業經理人負責，家族成員必須經過家族憲章所建立的評估審核程序後，才可以擔任董事成員或公司職員，藉此擺脫家族企業「用人唯親」的色彩，確保公司職位是由適切的家族成員來擔任[5]。再者，當家族成員年紀漸長，不再適任公司職務時，家族企業也可以借鏡李錦記家族的家族憲章。李錦記家族憲章即明訂家族成員年滿65歲必須退休，提供家族成員退場機制[6]。

　　此外，家族企業所產生的紛爭，經常是源自於彼此之間資訊落差與不信任。因此，維繫家族成員彼此的感情與信任相當的重要，尤其是對於沒有參與公司經營的家族成員來說，更是如此。為了降低發生紛爭的風險，家族企業或許可以參考李錦記家族憲章，明定家族成員每3個月必須召開一次家族委員會，董事會也應該於會議中向家族成員報告公司的營運狀況，並提供相關的財務報表等資料，使所有家族成員都能參與並了解公司的經營，不致因為資訊落差導致彼此不信任[7]。

　　總體來說，家族憲章可以明確規範各家族成員在公司的職務、權限與責任，並作為家族內部形成決策與解決家族成員紛爭的準則[8]，以利家族企業成員能夠長期、穩定地掌控經營權，同時還能夠更好地與專業經理人合作。如果再搭配明確、完整的接班制度，包含有計畫地長期培訓、考核、透明化接班制度，就可以確保接班人具備該企業應有的專業能力及經驗，有利於家族企業永續發展。

# 企業主如何讓專業經理人兼顧企業績效與家族理念

　　家族企業的主要股東來自於家族成員，在創辦人開創事業時，通常會期待事業能夠長期的跨世代經營。有實證研究結果發現，家族企業往往更專注在「**生存韌性**」及「**長期經營**」，而不是企業的短期績效上[9]。因此，家族企業可能會在經濟情勢大好時，放棄原本可以獲得的額外營利，以便增加經濟情勢惡化時存活下來的機率，維持家族企業使命或展現家族的高度價值。例如：家族企業勤美集團以「循環經濟的實踐者」作為集團新的使命與企業社會責任（Corporate social responsibility, CSR）目標，勤美曾是臺灣最大的生鐵進口商，但在第二代接任後，毅然將當時進口量仍達15億左右的生鐵部門關掉，改使用回收鋼材來落實循環經濟的企業目標[10]。另外，實證研究也發現[11]，全球的家族企業在面對疫情肆虐或經濟前景不明的挑戰時，仍然會選擇聚焦於「社會責任」。

在經營方向與資金籌集方面，家族企業除了會透過公開發行、上市櫃等在資本市場獲取資金外，經營方針大多偏向以轉投資、多角化經營等過程來促進企業成長。有研究指出[12]，高達46％的家族企業採取多角化經營，以轉投資跨領域經營來擴大家族企業版圖。舉例來說，由蔡萬春及蔡萬霖兄弟所創辦的霖園集團，從醬油、米醋製造起家，自開設產物保險公司、壽險公司及營造公司開始，不斷擴充事業版圖，跨足金融、創投、資訊服務、營造建築、育樂文化、醫療等領域，經過60多年的發展，集團目前主要的核心企業為國泰金控。從小型企業持續成長形成集團企業，透過多角化經營達到永續經營的目標，霖園集團即屬適例。由此可知，長期擘劃與經營或許更是家族企業經營者所追求的方向。

## 為了兼顧企業與家族各自的考量，企業主該怎麼做？

由於上述家族企業與一般企業的經營差異，導致專業經理人管理家族企業時經常遭遇挫折。外人看來，不管是掌管家族或非家族企業，專業經理人都是從企業獲利表現中賺得激勵獎酬，更精確地說，非家族企業專業經理人傾向創造「超標績效」（outperformance），特別是短期內能夠立刻兌現、留下豐功偉績的經營成效，有別於家族企業專業經理人的經營作為必須在家族責任的前提下進行。由於家族企業通常有族親文化與傳統、家族理念傳承與延續的目標，換句話

說，專業經理人往往可能在企業發展目標上，遭遇分歧的策略選擇。因此，設定因應家庭企業特性的公司制度很重要。

臺灣的家族企業通常握有企業大多數的控制權，因此家族企業在股東會選任出來的董事成員多數為家族成員所提名，當董事會成員同質性高時，思考脈絡與決策方向可能相對集中，容易缺乏適度反對及監督力量，而且隨著創業家逐漸邁入高齡，家族企業接班與經營議題也浮上檯面，企業主應更加重視招攬優秀人才，才能適應外部環境快速變遷，降低接班過渡時期所產生的問題及對企業所造成的風險。

另外，隨著國內外情勢、財經環境日益變化劇烈，如果未能及時調整企業經營策略，忽略了可能存在的風險，對企業永續經營埋下隱憂，因此將家族企業的公司治理制度化有其重要性。

有鑑於此，家族企業必須同時關注家族治理及企業治理兩大面向。對內，家族治理主要目的是促進家族企業傳承接班；對外，將公司治理制度化。為了兼顧企業經營目的與家族永續目標，企業主可考慮從組織改革著手。

誠如上一小節所述，首要工作是**健全公司治理制度，促進企業永續獲利**。針對家族企業的經營特質，家族企業必須從股東價值及管理階層利益的分歧、管理階層權責劃分、集團內相關企業交易控制、資訊揭露等方面採行公司治理。下列是公司治理的具體作為：

● 檢視經營團隊的組成、組織架構與管理流程，建立家族成員的任用規則，並組建真正獨立而客觀的董事會成員；

● 透過外部人達到督促管理團隊的目標，對高階經理人團隊的充分授權，降低一言堂、大家長式的管理模式；

● 建立高階經營團隊的分層決策機制、制度與方針，落實經營績效評估與管理的制度化；

● 在充分授權的同時，亦需有一套完善的績效考核制度，進而形塑勇於任事的企業文化。

以富邦集團為例：雖然他們屬於家族企業，但是很早就積極採行完善的公司治理制度。在董事會中，設置獨立董事比例高達40%，外部董事任期均未超過9年，確保獨立董事得以客觀地行使職權，避免因久任而降低其獨立性。再者，董事會成員多元化，包括但不限於性別、年齡、國籍、文化、專業背景及產業經歷等。接著，在董事會下設有「審計委員會」、「薪資報酬及提名委員會」及「公司治理及永續委員會」三個功能性委員會。最後，設置公司治理主管，持續增修訂公司治理相關規章，同時加強風險管理、即時資訊揭露，定期對董事會及個別董事進行績效評核，然後至少3年1次由外部機構執行評核等措施[13]，以上均是富邦集團長居金控業獲利之冠，在實施公司治理與企業永續經營所做的努力。

其次，**制定多元、長期的績效獎勵制度，以爭取更多優秀人才**。實證研究指出，專業經理人在家族企業當中擔任重要決策職務時，可以有效降低家族企業特有的代理問題，達到「家族」、「企業」與「專業經理人」三贏的結果[14]。結果顯示，專業經理人作為決策角色時，經由他們經驗與專業的累積判斷，企業更能夠適應內外部環境的變化，提供多元資訊與觀點，對於企業績效有正面影響。

---

延伸閱讀

## 經營上的代理問題（agency problem）

經營上的代理問題大多發生在這兩種關係人之間：大股東與小股東之間，以及股東與經理人之間。許多研究認為，家族企業中的大股東，比較可能犧牲小股東的利益去謀求自身私利，導致大股東與小股東之間產生代理問題。然而，當管理團隊取得代理人的身分後，本應以股東價值最大化為經營目標，但是由於本身握有的股權較少，而且與大多數股東之間存在資訊不對稱，因此在決策時，可能會傾向於謀求個人利益而忽視股東權益，從而產生代理問題。

---

因此，企業主應妥善運用人才、獲取各項外部資源來促進公司績效與價值，以更健全的獎勵條件與升遷制度激勵非家族成員的經理人長留企業。相較於非家族企業追求短期財務績效，家族企業往往擁有核心堅定的價值信念，能夠採取長期永續的角度看待企業經

營。如果家族企業要贏得新世代人才的青睞，甚至留住重要人才，除了將薪酬激勵收入與企業績效掛鉤之外，更可以將長期激勵和短期激勵相結合，物質激勵和精神激勵並重，例如：使用股權激勵、利潤分享計畫等，使經理人更加重視企業長期規劃與發展，而非僅著重在企業的短期利益；設計各種分紅機制，鼓勵專業經理人追求企業獲利的同時，也兼顧家族企業目標，則有助於強化認同，提升品牌與企業識別度。

以家族事業起家的上市公司宏正自動科技為例：其企業使命包括社會參與及環境保護政策，為了推動且落實其企業使命目標，宏正自動科技鼓勵員工多參與公司舉辦企業社會責任的相關活動，並在公司內部訂定了志工點數的獎勵辦法，凡員工參加企業社會責任的活動就會獲得點數，點數累積一定數量可以再兌換公司的太陽勳章。還有，當同仁的表現呼應企業核心價值，主管也可以頒發勳章作為鼓勵，這些勳章在年底時會換算成獎金計入年終。除此之外，宏正自動科技也將企業社會責任併入績效考核，讓一級主管知道下屬利用上班時間參加活動[15]也是工作績效的一部分，以此達到追求企業使命及員工績效獎勵的雙贏目的。

最後，**規劃兼顧短期與長期績效的共同管理目標**。非家族企業在營運上往往受到投資人及市場期待而追求短期績效，迫使專業經理人在面臨短期績效競逐的壓力之下，將經營重點聚焦於財務數字上。然而，在短期利益掛帥的思維下，企業創立初期的文化、使命及願景即可能遭到忽視。因此，公司在擬定策略時，企業主必須主

導、補強長期策略，進而達到企業永續的目標。另外，一旦專業經理人無決策權的時間一長，便會失去積極主動性，在不能發揮所長之下，很難持續效力於企業。基於這些原因，訂定企業長期策略目標，有助於雙方基於共同理念引導之下的分工協作，彼此互相尊重及自我約束，更能達到事半功倍、相得益彰的成效。

## 企業主與專業經理人如何共贏？

根據統計，日本於2017年間，百年以上的家族企業就有33,069家，200年以上的有3,937家，300年以上的有1,938家，500年以上的有147家，1,000年以上的有21家。研究發現，這些家族企業之所以長壽，便是源自於他們自身珍視和敬重先祖的創業精神，並重視企業的長期戰略與長期獲利[16]。然而，專業經理人受限於任期限制，時常會追求立竿見影的績效。企業主應該如何使專業經理人為公司永續經營的理念共同奮鬥，達到雙贏的局面？

目前實務上，公司為了使員工可以一同享受公司的經營成果，時常採用以下員工獎酬機制：

● **員工酬勞制度**：《公司法》第235條之1第1項規定：「公司應於章程訂明以當年度獲利狀況之定額或比率，分派員工酬勞。」明訂公司應於當年度獲利時依一定比

例分配酬勞，使員工可以享受公司經營成果。

● **員工分紅入股**：《公司法》第235條之1第3、4項規定：
員工酬勞得以股票方式發放，員工不僅可以享受企業經
營成果，同時亦成為公司的股東。

● **員工認股權憑證**：《公司法》第167條之2第1項規定：
「公司除法律或章程另有規定者外，得經董事會以董事
2/3以上之出席及出席董事過半數同意之決議，與員工簽
訂認股權契約，約定於一定期間內，員工得依約定價格
認購特定數量之公司股份，訂約後由公司發給員工認股
權憑證。」故公司可以經董事會特別決議後，與員工簽
訂認股權契約，約定於一定期間後，員工可以向公司購
買公司股票，使員工成為公司股東，與公司利益與共。

● **限制員工權利新股**：《公司法》第267條第9項規定：
「公司發行限制員工權利新股者，不適用第1項至第6項之
規定，應有代表已發行股份總數2/3以上股東出席之股東
會，以出席股東表決權過半數之同意行之。」公司得發行
股票予員工，並於章程中明訂發行新股的對象。

● **員工新股認購權**：《公司法》第267條第1項規定：「公
司發行新股時，除經目的事業中央主管機關專案核定者
外，應保留發行新股總數10％至15％之股份由公司員工
承購。」在此制度下，員工同樣可以成為公司的股東，
公司為確保員工的向心力，避免員工一收到公司股票就

轉讓而喪失立法者美意，依《公司法》第267條第6項規定，可以限制員工在一定期間內不得轉讓。但其期間最長不得超過2年。

- **庫藏股轉讓**：《公司法》第167條之1第1項及第2項規定：「公司除法律另有規定者外，得經董事會以董事2/3以上之出席及出席董事過半數同意之決議，於不超過該公司已發行股份總數5％之範圍內，收買其股份；收買股份之總金額，不得逾保留盈餘加已實現之資本公積之金額。前項公司收買之股份，應於3年內轉讓於員工，屆期未轉讓者，視為公司未發行股份，並為變更登記。」容許公司買回公司股票後，於3年內將買回股票轉讓予員工。

　　但是，以上幾種獎酬機制未必符合家族企業的需求。例如，員工酬勞制度是在公司有獲利的情形下，員工才可以取得的福利，然而公司在打拚前期或追求長期利益時，恐怕無法即時回收成果。例如：員工分紅配股及現金增資入股等制度，其設置目的在於員工成為公司股東時，考量到公司營運績效的成長將帶動股票的增值，會更加認真地投入工作。家族企業為了維持家族對於企業的掌控，因此對於讓員工成為公司股東的意願通常不高。

　　為了補強現有員工福利制度的不足，金融監督管理委員會於2020

年發布信託2.0「全方位信託」計畫中，即積極推動員工持股信託。所謂「員工持股信託制度」，是公司為留住人才並提升企業向心力，以成立信託的方式來協助員工累積個人財富的信託類型[17]。具體來說，由員工或數位員工成立委員會，與信託業者成立信託契約，員工除了每個月從薪資中提撥一定金額（即薪資提存金）作為信託財產。企業也可以在員工定期提撥金額以外，按其薪資一定比例撥付金額，作為鼓勵專業經理人參加員工持股信託的獎助金。信託業者則會依信託契約的約定，以上述資金投資公司股票。在此信託架構下，員工得以定期定額地累積財富、分享企業經營或其他投資成果，並為其離職或退休時提供更多保障。當信託關係終了時，信託業者返還信託財產，相較於直接交付公司股票給離職員工可能造成家族股權分散，信託契約約定以現金折現的方式交還信託財產[18]，換言之，信託業者將員工在信託契約存續期間所投資的股票，依信託契約約定折算成現金交還給員工，避免家族成員股權分散，達到家族與專業經理人雙贏的局面。

# 傳子？傳賢？

家族企業究竟應傳子或傳賢？實在是個大哉問，也無標準答案或制式範本可循。然而，為了達到企業傳承及永續經營的目的，或許可以從專業經理人如何與家族成員共治雙贏來探討這項議題。

共治傳承的優點是能結合多位經理人的專業能力與經驗，為公司帶來更大效益。相對地，共治傳承的缺點是容易造成共治者之間的權力競爭，產生領導統御上的衝突，進而影響公司營運發展。為了降低共治傳承可能的缺陷，有效**公司治理**及**監理制度**，及**預先規劃家族接班制度**相當重要。

以專營工業油品製造與銷售的海陸家赫為例：雖然公司採兄弟共同接班的模式，但是在接班的過程中，海陸家赫也引進第三方專業機構來協助接班準備，包括股權結構的設計、家族憲章的制定、分權共治的細節等都規範得很清楚，讓複雜的家族傳承計畫更臻完善，也更符合經營需求，能夠順利推動公平、公正的制度才有保障永續發展的可能。

在家族傳承的議題上，為了降低家族成員間爭權爭產，甚至權臣傾軋的局面，實務上即有以家族憲章規範接班人守則，例如：德國默克集團的家族憲法，讓家族成員將權力交給家族委員會，因而避免了家族成員鬥爭的雙輸情況。此外，香港李錦記集團，在經歷兩次家族重大爭產紛爭後，在2002年制定了李錦記的家族憲法，組

成最高權力機構的家族委員會，其下部署家族投資公司、家族辦公室、家族集團、家族慈善基金、家族培訓中心等，使得家族的處事及經商之道等無形資產得以順利傳承下去。

家族憲章除了制定家族紛爭解決的機制之外，也可以制定出家族內規，例如：李錦記的家族憲法就家族成員行為準則有所要求，規定家族成員須遵守不晚婚、不離婚、不准有婚外情的3不原則，違反者必須退出公司董事會。另一個重點在於子孫的培訓計畫，也就是俗稱接班人養成計畫。

不管李錦記或默克，都明確規定了後代子孫須經何種培訓才可進入家族企業工作。由此可知，在訂定接班傳承制度的過程中，專業經理人透過擬定家族憲章、宣示家族目標及價值觀，強化自身角色與對企業的認同感與使命感。再者，因應不同接班態樣及產業生態，企業主更應善用外部資源，例如：於引進專業經理人時，應該就企業所有權與經營權分立明確規範；引進策略性或財務性投資人時，則應該就持股比例、經營管理決策權、降低敵意併購等重要事項衡酌，以符合家族及企業最大利益；又或者組織內問題太多，需大刀闊斧進行改革，亦可外聘有經驗但無包袱的專業經理人負責整頓或建立新制度，待改革整頓後，再由接班人正式接手，此種方式皆可有效降低二代在接班後所面對的挑戰。

曾有一知名科技公司接班人，臨危受命回國接班，接班初期和創辦人父親溝通不良，屢屢因經營理念與父親存在巨大差異而導致衝突，所幸一位資深經理人擅長與創辦人溝通，成為父子倆的溝通

管道，每當二代有重大決策必須父親允許時，之前必先與經理人詳談，請他調整成創辦人能理解或能接受的方式來溝通，此舉除了有助於公司政策的充分溝通討論之外，同時也讓經理人備感重視，工作士氣也因此提高，這就是善用專業經理人作為接班過程中的溝通橋樑，進而淡化接班衝突的例子[19]。

此外，為了確保家族憲章能夠有效執行、對家族成員產生相當的拘束力、在家族成員違反時能有相應處置以敦促其確實遵守，在制定時必須充分諮詢專家意見，建構法律制度性安排極其重要。此外，想確保專業經理人有表現專業的舞台、協助少主傳承經驗、有效執行家族憲章規範，建立顧問制度也有其必要，主要內容包括任用門檻、分責分權決策權限、明確清楚的獎酬制度及完善的任免程序等，以確保專業經理人的專業性與獨立性，等同於鼓勵專業經理人勇於任事的定心丸。

然而，一旦家族企業經營權與所有權分離程度愈高，則經營者個人與企業的利益，可能在不一致時導致道德風險的代理問題。因此，如何在任用經理人的同時，降低經理人的代理人成本，也是企業主應納入考量的議題。除了透過強化公司治理制度作為解決代理問題、降低代理成本的一種機制之外，實務上也有透過發行「**盈餘分派特別股**」，使專業經理人可以分配盈餘、但無表決權，降低日後專業經理人爭奪經營權的可能性。

以王品集團為例：其創辦人訂下非親條款，禁止三職等以上主管任用四等親以內的親戚，也禁止自己子女入主集團內公司，徹

底跳脫出家族企業的框架，並在其退休後，集團交棒給共同創業夥伴經營。同時，王品集團透過當月盈餘20％分紅、店長主廚入股等利潤分享計畫，不僅有助於激勵第一線人員，在分店遍及全台、管控相對不易的企業特色下，還能有效降低經理人的代理人成本。

資料來源／參考文獻

1. 吳益誠（2016），〈中小型家族企業主與專業經理人共治之探索性研究〉，國立中正大學管理學院企業管理學系碩士論文，頁29-32。

2. 太一控股集團網站，〈6年從華人首富到破產，這可能是史上最慘的接班案例〉，載於：https://www.one-heritage.com/info/3111（最後瀏覽日期：08/14/2024）。

3. 金管會網頁，載於：https://www.sfb.gov.tw/ch/home.jsp?id=882&parentpath=0,8（最後瀏覽日期：08/14/2024）。

4. 吳益誠（2016），〈中小型家族企業主與專業經理人共治之探索性研究〉，國立中正大學管理學院企業管理學系碩士論文，頁34-35；陳慧玲（2019），〈探討專業經理人、股權結構與控制對家族企業之影響〉，國立臺北科技大學經營管理系廚具產業碩士專班碩士論文，頁16。

5. 郭宗銘（2023），家族財富傳承基礎篇，家族信託規劃顧問師培訓課程，頁47-53。

6. 郭宗銘（2023），家族財富傳承基礎篇，家族信託規劃顧問師培訓課程，頁57。

7. 郭宗銘（2023），家族財富傳承基礎篇，家族信託規劃顧問師培訓課程，頁56。

8. 工商時報（2022），〈家族憲章是世代傳承關鍵〉，https://www.ctee.com.tw/news/20220622700716-431305（最後瀏覽日期：08/14/2024）。

9. Nicholas Kachaner, George Stalk, Alain Bloch（2012），〈家族企業教我們的事〉，哈佛商業評論全球繁體中文版資料庫網站，https://www.hbrtaiwan.com/article/13041/what-you-can-learn-from-family-business（最後瀏覽日期：11/02/2023）。

10. 安侯建業台灣網站，〈ESG開啟家族企業永續經營新篇章〉，載於：https://kpmg.com/tw/zh/home/ insights/2022/02/esg-opens-a-new-chapter-for-family-business-sustainability.html（最後瀏覽日期：11/02/2023）。

11. KPMG International網站，〈2020全球家族企業調查報告—掌握回歸：家族企業如何戰勝COVID-19〉（Mastering a comeback: How family businesses are triumphing over COVID-19），KPMG全球與跨代創業成功實踐全球研究計畫（STEP Project Global Consortium），載於https://kpmg.com/xx/en/home/insights/2021/02/global-family-business-report-covid-19-edition.html（最後瀏覽日期：11/02/2023）。

12. Nicholas Kachaner, George Stalk, Alain Bloch（2012），〈家族企業教我們的事〉，哈佛商業評論全球繁體中文版資料庫網站，https://www.hbrtaiwan.com/article/13041/what-you-can-learn-from-family-business（最後瀏覽日期：11/02/2023）。

13. 富邦金控網站，https://www.fubon.com/financialholdings/ governance/status.html（最後瀏覽日期：11/03/2023）。

14. 李卉馨、詹淑婷、蘇怡方、鍾喜梅（2014），〈專業經理人職位的代理意涵：臺灣個人電腦家族企業之實證分析〉，台大管理論叢，25卷1期，第259-286頁；張力、陳怡珮、侯啟娉、林翠蓉、李毅志（2013），家族企業、經理人過度自信與創新活動關係之研究，交大管理學報，33卷1期，105-140頁。

15. 天下雜誌（2017），〈【天下企業公民TOP100專訪】宏正：CSR要納入績效 員工才有感〉，https://csr.cw.com.tw/article/39948（最後瀏覽日期：11/03/2023）。

16. 壹讀（2019），〈張季風：日本家族企業何以百年不衰〉，https://read01.com/J80NJ4d.html（最後瀏覽日期：01/25/2024）。

17. 中華民國信託業商業同業公會網站，https://www.trust.org.tw/tw/info/related-common/1（最後瀏覽日期：01/25/2024）。

18. 范瑞華、李仲昀、賴逸涵律師（2022），「員工福利信託實務作業及相關文件參考範本」研擬成果報告，中華民國信託業商業同業公會，頁32。

19. 葉惟禎（2022），〈兩代接班關鍵時刻習重理念傳承〉，《貿易雜誌》，第371期，載於：https:// www.ieatpe.org.tw/magazine/ebook371/special-2.html（最後瀏覽日期：11/04/2023）。

# 結語

本書展示了8種主要的傳承工具及各個傳承要角在法律上的注意事項,旨在希望家族企業能及早做傳承規劃,並於過程中積極、適時地邀請各領域專業的專家一同參與,讓傳承能在以和為貴的「無爭」之下,圓滿達成。

本書首先介紹企業主透過贈與、遺囑預先安排財富與家族企業股權的分配方式;善用控股公司、閉鎖性公司的設立來防止股權過於分散、避免經營權落入外人之手;運用基金會的功能,使得家族精神能夠永續傳承;使用信託讓後代得以生活無憂;擬定家族憲章及建立家族辦公室,協助家族治理專業化,依規範培養歷代接班人。

另外,本所律師團隊也依據過往執業經驗,針對企業主、企業二代、專業經理人、外姓親戚與非婚生子女的各自權益,提出了可行的作為與法律途徑,供不同傳承要角參考借鏡。

本書也強調，傳承不僅是傳「錢」，傳承也不是單一事件，而是一個可預先設定明確時程的過程。公司的營運絕非一朝一夕，更何況是江山易主這等大事，無論在經營管理、對外聯繫、人事去留、財務政策等決策，都有可能隨著領導人的異動而生變。事前如果充分規劃，不但有充裕的時間可以轉圜，還多了代際溝通與啟發的機會，讓企業方、家族方都做好準備，共創雙贏局面。

　　本書最後引用洛克菲勒基金會創始人、美國慈善家約翰‧戴維森‧洛克菲勒的名言：「我不靠天賜的運氣活著，但我靠策劃運氣發達。」家族企業的企業主縱橫商場、有勇有謀，更應該在家族傳承上多出謀劃策，唯有避免家族交班爭權、爭產掀起茶壺內風暴，才能真正地永續傳承及壯大家族企業。

# 無爭：家業長青的傳承密碼

| | |
|---|---|
| 作者 | 萬國法律事務所 |
| 商周集團執行長 | 郭奕伶 |
| 商業周刊出版部 | |
| 總監 | 林雲 |
| 責任編輯 | 潘玫均 |
| 封面設計 | Javick工作室 |
| 內文排版 | 点泛視覺設計工作室 |
| 校對 | 沈平川 |
| 出版發行 | 城邦文化事業股份有限公司 商業周刊 |
| 地址 | 115台北市南港區昆陽街16號6樓 |
| | 電話：(02)2505-6789　傳真：(02)2503-6399 |
| 讀者服務專線 | (02)2510-8888 |
| 商周集團網站服務信箱 | mailbox@bwnet.com.tw |
| 劃撥帳號 | 50003033 |
| 戶名 | 英屬蓋曼群島商家庭傳媒股份有限公司城邦分公司 |
| 網站 | www.businessweekly.com.tw |
| 香港發行所 | 城邦（香港）出版集團有限公司 |
| | 香港九龍九龍城土瓜灣道86號順聯工業大廈6樓A室 |
| | 電話：(852) 2508-6231　傳真：(852) 2578-9337 |
| | E-mail：hkcite@biznetvigator.com |
| 製版印刷 | 中原造像股份有限公司 |
| 總經銷 | 聯合發行股份有限公司電話：(02) 2917-8022 |
| 初版1刷 | 2024年 9 月 |
| 初版3刷 | 2025年 2 月 |
| 定價 | 400元 |
| ISBN | 978-626-7492-03-1（平裝） |
| EISBN | 9786267492079（PDF）／9786267492086（EPUB） |

國家圖書館出版品預行編目(CIP)資料

無爭：家業長青的傳承密碼/萬國法律事務所作. -- 初版.
-- 臺北市：城邦文化事業股份有限公司商業周刊, 2024.09
面；　公分

ISBN 978-626-7492-03-1(平裝)

553.67　　　　　　　　　　　　　　　　113006688

## 金商道

*The positive thinker sees the invisible, feels the intangible, and achieves the impossible.*

惟正向思考者，能察於未見，感於無形，達於人所不能。 —— 佚名